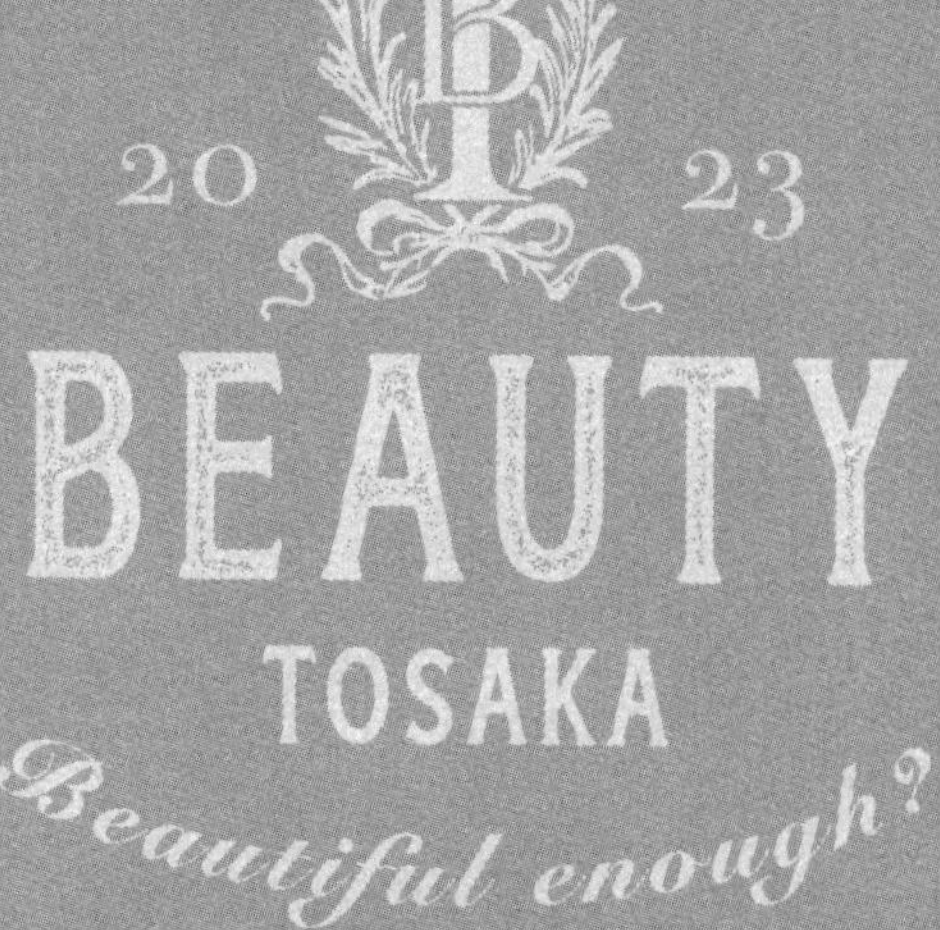

LOVE
chapter-1

BUSINESS
chapter-2

BEAUTY
chapter-3

ASTROLOGY
Appendix

SHUEISHA INTERNATIONAL INC.

それって
ビューティー
足りてる？

恋もお金も
思いのままになる
魔法の技術

目次

第2章 BUSINESS 仕事 91

第3章 BEAUTY 外見磨きを怠らない

付録 ASTROLOGY 運気を上げる

Staff Credit

撮影 | 長澤翼 Instagram ID: tsubasa_works12
装丁 | DIAGRAM
出版プロデュース | 久本勢津子 (CUE'S OFFICE)

はじめに

高校時代、僕は有名私立校に通っていました。二〇一一年に上智大学に入学して国際法や政治哲学を学び、順当に行けば、大企業に就職し、合コンでもして結婚し、マイホームを手に入れて、幸せに生きられたかもしれません。

ですが、現在の日本では23歳で大企業に就職しても年収1000万円に達するのはたぶん30歳すぎ。かたや、高校を卒業してすぐに起業したりホストをしたりすれば、月の収入が500万円以上になります。僕はそういった人をたくさん見てきました。

僕は決してお金のために生きてきたわけではありません。子供時代から世の中にある貧富の差がずっと疑問でした。二〇〇一年九月一一日のアメリカ同時多発テロが発生した時は、なぜアメリカとアフガニスタンは対立するのだろう、どうして争いが生まれるのだろう、こうした国際問題はなぜ起こるのだろうと感じました。高校時代にアメリカに留学した時にはリーマンショックが起き、世界経済のダイナミックさを感じました。そののち、オバマ大統領の就任演説などを見て、政治学と国際法を学びたいと思い、大学受験をして上智大学に入学しました。

大学生になるまで、コツコツと勉強とスポーツをしてきて、世の中に疑問を持ちながらも、真面目に生きてきたと思います。

その僕がなぜホストや起業の道を選んだか？

今までの日本社会であれば、大企業に就職して、出世を選んで行く道が王道かと思われますが、そうした生き方はもう限界だと思います。円の価値が下落し、若い日本人が海外へ出稼ぎに行く時代です。日本企業の国際競争力も落ちています。

そうした時代に、企業に寄りかかり、出世だけを狙う人生はリスクが大きいと思ったからです。それに就職しないほうが社会に対してよい影響を与えられるとも感じました。

二〇二〇年一二月、僕はすべてを失いました。

大学在学中に、大手企業から1000万円以上の出資を受けて起業。それから数年間、会社を経営してたくさんの事業を興しましたが、最後は投資家と仲間全員に裏切られ、ひとりぼっちになりました。

今思えば、すべては自分自身の責任なのですが、大学時代から一緒だった友人に裏切られ、尊敬する先輩にも裏切られ、世界が終わったと感じました。

そんな僕が、次に選んだ道がホストという仕事です。

僕は、起業もホスト業も、本質は同じだと思っています。

突き詰めればどちらも、多くの人を助け、笑顔にする仕事だと思います。ですが、実際に目の前にお客様がいるのといないのとでは、臨場感や自分が感じる思いが違います。ホストの場合、自分の言葉ひとつでお客様が悲しんだり、笑顔になる。それに、そのことが直接自分の売上に繋(つな)がる仕事です。しかし、決して楽して女の子からお金をもらえるわけではなく、相手に対して価値を提供しないといけない仕事です。

かつて、起業することで社会に対して何かしらの影響を与えられるのを素敵なことだと思いましたし、今、ホストという仕事を通じて、目の前のお客様を笑顔にすることも素敵だと感じています。

現在。僕は今、多い時で月収1000万円を超え、素敵な先輩後輩同期に恵まれています。お金にも恵まれ、人間関係にも恵まれた秘訣はひとつだけです。

それは僕が「ビューティー」であることです。

もし、あなたの人生が今うまく行っていないなら、考え方がビューティーではなかったり、見た目や生活習慣がビューティーでなかったりするからです。


僕が思うビューティーとは、高い化粧品を買うことではありません。まずは思考を変え、ちゃんとした行動習慣を身につけることです。思考が変わらないと行動は変わりませんし、人からの見られ方も変わりません。

高い化粧品を買うことよりも、毎日笑顔で過ごして、きちんと挨拶をする、人に対して価値を与えることが何よりも大事です。


人間が一番持っていないといけない思考は、「相手の価値を上げること」です。これは常に忘れてはいけません。

成功したいとばかり思う人は自分が目立とうと、自分のことしか考えることができません。ですが、お金や人に恵まれ、幸せに生きたかったら、**自分勝手な思考をやめて、相手**

のために動く習慣をつけなければなりません。その思考の変化が行動にも現れます。

例えば、ホストで言えば当たり前のことですが、まず何よりも先輩と、いらしてくださるお客様に挨拶する、また自分の姫様（女性の顧客）の卓だけでなく後輩や先輩が担当している卓にも着く、人のことを落とす発言をしない、などです。

社会人でも同じです。相手を落とさない、先輩に挨拶する、商談で自分の利益だけでなく相手目線に立って話す、相手の利益を優先するなどです。当たり前のように見えて、できてない人が8割です。

思考が変わり行動が変わることで、人もお金もついていきます。適切な思考ができると、発言も変わります。その上で自分の生活習慣を改善すると、どんどんビューティーになり、見た目も思考もどんどんと変わっていき、年収も上がり、付き合う交友関係も広がり、理想のパートナーも見つかります。

昔の僕は自分のやりたいことだけを考えて動いていました。思いかえせば、反省することばかりです。大学に入って国際法や政治学を学んだのも、自分の知的好奇心のためでした。二〇〇一年のアメリカ同時多発テロや、イラク戦争が気になり、国際法を学びたいと思いましたし、政治の根源を知りたくて哲学も学びました。

また起業した時も、人工知能の教師なし学習でレコメンド（類似商品の紹介）を作って、人工知能の力で人類が幸せになると思っていましたが、事業はプロダクトアウト（これが作りたいから作る）でしかなく、マーケットイン（市場に合わせた事業を作る）ではありませんでした。

ブロックチェーンについても現実世界のプロダクトではなく、電子証明の力を用いたＥＲＣ２７１を使った事業（ＮＦＴ）を展開後、ＤｅＦｉ（ブロックチェーンを用いた次世代の金融システム）をやっていましたが、そちらもどうしても自分勝手な思想が先行してしまい、世の中の人を本当に便利にできたかと言うと難しいところでした。


だいぶん変わってきましたが、昔から日本は、専門的な技術者よりも文系のジェネラリストのほうが偉いとされる社会であり、技術者は人の気持ちがわからない、頭でっかちだと言われがちです。

しかし専門性が高いからといって人間関係が苦手なわけでもないし、逆に専門性がないからといって人として劣っているわけではありません。何より大事なのは人間力と相手の価値をいかに上げるか、相手が喜んでくれるかです。

ホストの世界でも、昼の世界でも言えることですが、人生がうまく行かないのは「ビューティー」な自分になる秘訣を知らないからです。

ですから、「頑張っているのに、お金にも人にも愛されない」と悩んでいる人は、この本を読んでその状況から脱却してください。

この本ではどうしたら「ビューティー」な思考や生活習慣を手に入れられるかを書いていきます。楽しんで読んでいただけたら嬉しいです。

第1章 LOVE 恋愛

1　恋愛の基本原則を理解する

女性は**感受性**が豊かですが、男性はどうしても**論理**が先行してしまいます。これはいい男の条件に繋がるのですが、楽しいことよりも、「同調」と**「共感」をしっかりとしてくれる男性を選ぶべきです。**感情に寄り添ってくれる男性でないと、決して長続きしません。

自分の感情に寄り添ってくれて、怒ったり、ＤＶしたりしない男性を選びましょう。それだけでいい人を選ぶきっかけになるかもしれません。いくら「ハイスペック（年収が高い、背が高い、ステータスがある）男性」でも、自分の意見を押し付けてくる人では幸せになれないので、それをちゃんと理解することが大事です。

自分の意見を押し付ける男性は、思いやりがなく、あなたから搾取（さくしゅ）ばかりする可能性があるので気をつけましょう。本当にいい男は相手に対して思いやりがあります。ひとりよがりに自分の話ばかりする男性は素敵ではないし、すぐに結論から喋(しゃべ)ってしまう男性も「共感」や「他者理解」が苦手で、将来性がないかもしれません。

それに加えて、しっかりと自分と向き合ってくれる人を選ぶことです。相手が感情をぶつけてきても、あなたは決して怒らないようにしましょう。意見がぶつかった時に怒らずにしっかりと向き合える異性、また向き合いたいと思える異性といることで、精神的にも幸せになれます。

相手のことをお金目的や条件で選ぶと、絶対に幸せになれないので気をつけましょう。正直、素敵な性格であれば、ちゃんとそのパートナーは稼ぎますし、将来的にあなたを支えてくれます。なぜなら人間性がしっかりしていれば、のちのち稼ぎや貯金はついてきますし、あなたとも対話をしてくれるので、すべてが円満に進みます。それを性格で選ばずに現状の資産で選んでしまうと、その資産は消えてしまうかもしれないですし、何の助けにもならないことに後で気づきます。

まずは、ちゃんと相手の性格を見ること。男性ならその女性が感情的になっても自分が面倒見たいと思える人を、また女性なら自分の感情にしっかりと寄り添ってくれるパートナーを見つけて幸せになりましょう。

ポイント

- **女性は感情、男性は論理で喋ることを理解する**
- **「同調」と「共感」を会話で感じる男性を選ぶ**

2 フェロモンを学び、香りを操るのが「モテ上手」

理屈ではなく、男女はフェロモンに惹きつけられます。フェロモンとはつまり、見た目ではなく、喋り方や喋るトーン、香り（匂い）です。

非言語に目を向けるとさらにモテるようになります。偉大な哲学者、ウィトゲンシュタインのように言えば、「言葉には限界がある」ということです。

自分の化粧の上手さばかりを磨いたり整形したりして見た目を極めるのではなく、言葉の表現の仕方を学ぶこと、同じことを言うのでもどういう日本語を使うのか、同じ言葉でもどう伝えるかを意識することが大事です。

自分が発している言葉に対して美意識を持ちましょう。

歌舞伎町や西麻布、銀座にいると整形している女性をよく見かけますが、整形して美人になっても、**「性格イマイチ」**の女性は多いです。見た目を変えて性格がよくなる女の子もいますが、中には自分が美しくなったから男性が寄ってくると思い、人間性を磨かない女性がいます。そういう女性にお金はついてきません。なぜなら、人間性の薄っぺらさを即座に見抜かれて、いい男性に相手にされないからです。

いくら自分が美しくなっても相手を立てることを忘れずに。そうすれば逆に自分を立ててくれる男性が現れますし、自分が相手に何かをしたらしっかりと返してくれる素敵な男性に巡り会えます。

そして、その「素敵」を表すのは内容だけではなく、「非言語」の世界、つまり、所作の美しさや前述した日本語の美しさも含まれます。

ホストは「初回」の場合、7分ほど女性を接客します。その際、大事なのは、**内容ではなく、どういったトーンとニュアンスで喋るか。**これだけでずいぶん印象が違ってきます。

そして「ジェスチャー」も大きな要素です。例えば、色っぽいトーンで喋れるのか、相手に正しいニュアンスで日本語を伝えられているのか。それで「送り」（初回についた10人ぐらいの中で一番素敵だったホストを選ぶこと）が誰になるかも決まります。

メラビアンの法則というのですが、実はコミュニケーションにあたって、判断に影響する情報のうち言語情報のウエイトは7％しかなく、聴覚情報が38％、視覚情報が55％にもなるのです。聴覚情報＝声のトーンと言語の美しさ、視覚情報＝外見、ジェスチャー、愛嬌、笑顔とも捉えられます。もちろん顔も大事ですが、それ以外の部分が大半を占めていることを意識してください。

これからモテたい人は、日本語とその表現を学びましょう。それだけであなたのモテ度は変わるはずです。

まとめると、言葉には限界があるということです。それよりも非言語の部分、目に見えない部分を大切にしましょう。

加えて必要なのは、匂いです。よい香水をつけるとよい出会いがあります。ですから、香りには徹底的にこだわりましょう。

僕がおすすめする香水は、CELINE（セリーヌ）の「PARADE（パラード）」です。エレガントで高級感のある香りだと思います。CELINEは現在、エディ・スリマンという「モードの天才」と言われているファッションデザイナーがクリエイティブディレクターになっていて、香りにもこだわっています。

「香り」はセンスです。他には、GOUTAL（グタール）の「EAU D'HADRIEN（オーダドリアン)」、Maison Francis Kurkdjian(メゾン フランシス クルジャン)や TOM FORD BEAUTY(トムフォード ビューティ)の香水などから選ぶのもおすすめです。最近だと、スウェーデンの BYREDO(バイレード)の香水も人気があります。いろいろな香りを使いこなすのは素敵ですし、部屋にさまざまなデザインの香水瓶が並んでいるだけで自分の気分も上がります。

「香り」を味方につけて「モテ上手」になりましょう。

ポイント

- **自分の「香り」に気を配る**
- **「言葉には限界がある」ので、表現の仕方や「非言語」の世界に目を向ける**

3　素敵な男性を惹き寄せる「魅力ある花」になる魔法

魅力と自信がないと、どれだけ婚活を頑張ってもいい男性は現れません。自分からアプローチをするのも大事ですが、まずは魅力的な女性になることを意識しましょう。

出会いがないと思ったら、まず今の自分に「魅力」があるのかを客観視してみましょう。異性を惹きつけるアイメイク、唇の潤い、可愛らしい笑顔と愛嬌、日本語の表現の美しさ、細かい所作、美しい指先。細部へのこだわりと美意識が、あなたの魅力をさらに引き出します。

そして何よりも大事なのが「性格」です。あくまで自分本位の恋愛ではなくて、相手目線に立ち、相手は何を考えているのか、今何を話したいのか、どう共感して質問すれば相手が気持ちよく話せるのかを意識してください。

例えば、相手が相談してくれた時に、意見をいきなりぶつけてしまうのはNGです。ちゃんと相手の気持ちになって話を聞き、信頼関係がある程度できたなと思った時に〝少し〟アドバイスするだけでいいのです。

いくらあなたが美人で仕事ができたとしても、ミスもあると思うので、自分が「最強」だと思いこまず、常に謙虚な自分でいましょう。**「謙虚な姿勢」こそ、あなたの「魅力」に繋がります。**

そして素敵な女性になれば、おのずと友達の紹介などでどんどん素敵な人が現れます。素敵で美しい花には、いろいろな素晴らしいものが惹き寄せられてくるのです。しかし、自分が醜い虫か何かであったら、誰も近づきたいと思わないし、離れていってしまうはずです。

挨拶や笑顔、日本語、伝え方、話の聞き方（何度も言いますが、ここが一番大事です）を学ぶことでモテ度がアップし、自信もつくと思います。**「追うより追われる女性」**になりましょう。追われる女性とは、**自分本位ではなく、相手と向き合い、信頼関係を築ける女性であることを覚えておいてほしいです。**

ポイント

- **出会いの数より、まずは自分が価値ある人になる**

4 「ありがとう」が言える人はモテる

何かしてもらったら、しっかりと「ありがとう」を言う。出社した時に「おはよう」と元気に言う。それだけでいい男性が現れます。

話を受け取ってくれない人に誰も話をしようと思いません。なので、ちゃんと相手が話を振ってくれたら、しっかりと受け取る習慣をつけましょう。

「聞き上手はモテ上手」です。ですから、話を聞く習慣ができれば、もっとモテるようになります。

世の中には受け取ることが苦手な人が多いのです。優秀な人は受け取るのがうまいです。これは、お金持ちになる秘訣でもあります。自分のために相手がしてくれたことに対して「ありがとう」が言えるので、上司も、周りの人もこの人に何かしたらちゃんと恩を感じてくれる、だからもう一回何かしてあげようと思い、どんどん協力してくれる人が現れます。しかし、受け取るのが下手な人は「ありがとう」が言えないために、この人のために何かしても意味がない、と周りに思われてしまい、協力してくれる人がどんどんいなくなります。その毎日の積み重ね、毎年の積み重ねが、お金持ちになる人とお金持ちではなくなってしまう人の大きな差となるのです。

それは恋愛に関しても言えます。せっかくいいレストランに連れて行っても、いいプレゼントをあげても、感謝をしてくれない人には、人は尽くしたいと思えなくなります。いいプレゼントでなくても、安いものであっても、相手は自分のために選んでくれたのです。それに対してしっかりと「ありがとう」が言えるようになりましょう。そうすると相手ももっといいものをあげようと思うのです。「感謝の輪」をしっかりと作れる人になりましょう。

例えばですが、上司にご飯を奢(おご)ってもらったらLINEやメールでお礼を送る。そういったことができるだけで、この人は何かをしたらしっかり返してくれると思われ、上司にしろ、友達にしろ、パートナーにしろ、あなたに対して何かをしたいと自然に思うでしょう。

もらったらしっかり感謝をする、何かお返しをする癖をつけましょう。もらいっぱなしだと、誰も何もしようとしてくれなくなります。

ビューティー足りてる？

ポイント

- **細かいことでも「ありがとう」と言えるようになる**
- **特に、何かをいただいた時は、相手に感謝を伝える**

5 恋の必勝法は、相手に「減点されないこと」

モテるために大事なのは、**「減点されない」ことです。**

無駄に相手に嫌われるメッセージを送る必要はまったくありません。ＬＩＮＥのやりとりは、相手の貴重な時間を奪うことだと自覚しましょう。

それはデート中も同じです。相手があなたをまだ好きでもないのに無責任に好きと言っても、相手はあなたの熱量に負けて逆に引くでしょうし、相手が話したいタイミングで話をさえぎっても嫌われてしまいます。

あなたがモテないとしたら、相手がしてほしいことをしているのではなく、無意識のうちに相手に嫌われることをしているはずです。なので、どうしたら相手が喜んでくれるか、何をしたら相手に好かれるかをもっと徹底的に考えましょう。**失敗するくらいであれば、発言しないほうがよいです。**投げやりにならずに、冷静にどうしたら相手に好かれるかの戦略を作ることを優先しましょう。

もうひとつやりがちなのが、他人（相手を含め）の価値を下げてしまうことです。噂話で「誰だれが嫌い」などとずっと言っていると、自分の価値を下げます。例えば、相手が遅刻してきた場合、相手を激しく責めすぎてしまうと、自分が遅刻した時に同じく怒られてしまいますし、相手には「余裕がない」人だと思われてしまいます。「自分に厳しく他人に優しく」することがモテるための第一歩です。

周りに流されず、ただ自分がちゃんとすればいいだけなのに、相手が何かを忘れていた時に激しく怒ってしまうと、相手は反省していてもフテ腐れてしまいます。

例えば、相手があなたの誕生日を忘れていたとしても、そこでへこまずに、自分が相手の誕生日にサプライズをしてあげればいいのです。自分の価値が高ければ、価値が低い人は自然に自分から離れていきます。

周りに対する無駄な悪口や他人を落とす発言はやめましょう。「壁に耳あり障子に目あり」という言葉がありますが、必ず神様は見ています。どの世界でも絶対的に大事なことです。機密情報を漏らす人は信用されません。幹部候補にはなれないでしょうし、仕事でできないことはプライベートでも、さらには恋人にもしてしまう可能性がありま す。仕事においては、まず間違いなく上司や同僚に嫌われます。

表面ではいいことを言っていても、陰で他人の悪口ばかり言っている先輩がいました。もちろんどんどん干されていき指名してくれる姫様も少なくなり、最後はクビになりました。

僕にはその理由がわかります。他人の悪口を言う、つまり相手の価値を下げようとばかりしていると、価値が低い人しか周りに来なくなってしまうのです。

常に周りに対しても、また大切なパートナーに対しても嫌われる行動を絶対にしないようにしましょう。

「陰口は相手の価値を下げる行為」「他人の価値を下げる人に素敵なパートナーは絶対現れない」それをもっと意識してください。

ポイント
- 無駄な発言をしない
- 人の悪口を言わない

6 「余裕」が男性を惹き寄せる

余裕があることで、男性が自然に寄ってきます。ゆっくり喋る、ゆっくり笑顔を作る、常に怒ったりせずに人に優しくしていることで、周りにも素敵な人が現れます。お金がないことや友達がいないことに落ちこまずに、精神的な余裕を持つことが大事です。自分が友達を作る時も、いつもせかせかしていて、怒りっぽい人は選ばないはずです。まずは常に余裕を持ち、よい出会いを引きつける準備をしておきましょう。

そしてもうひとつの技術。それは「今の自分にふさわしいパートナーを想像すること」です。自分が想像できるものはのちのち自然と手に入れられます。なぜなら、その想像と今の自分の魅力がズレていたら、それを埋める努力をするだけだからです。

あなたが素敵な女性になりたければ、**〝綺麗に咲いている花〟**のように、未来のパートナー像を想像し努力しながら、堂々といい男性が現れるのを待てばいいのです。

それを焦って「いい男性はいないかな」と余裕なく探していても、男性にはすぐにわかります。**「焦り」はせっかくの福を逃してしまいます。**常に見た目も言葉も人間性も美しく、凛として生きることで、自然といいパートナーに出会うことができます。

「妬み」「他人を落とす」行為によって他人を下げれば相対的に自分の価値が上がると思いこんでいる女性がいますが、それは大きな勘違いです。そんな行為は周りに伝染し自分にはね返ってきます。妬んだ言葉を発することで実は自分を下げてしまうことに気づけたら、もっと「美しい花」になれるはずです。

ポイント

- **焦ってもいいことはない**

7　悪い男性にひっかからない魔法

悪い男性。それは搾取してくる男性です。女性がしたことに対して「ありがとう」を言ってくれない、自分の意見を押し付けてくる、女性の気持ちを考えてくれない人はいくらイケメンでも関係が長く続きません。

女性が行動した時に、相手の男性がどんな反応をするかを見てみましょう。「ありがとう」がちゃんと言える男性に悪い人はいません。思いやりを持った男性と付き合うことで自分の精神レベルも上がり、恋も仕事もポジティブになります。勢いや相手のノリのよさだけではなく、**誠実さ**で男性を判断するようにしましょう。自分が搾取ばかりされていると、心が疲れてくるはずです。

なぜホストが女性にお金を数十万円、数百万円使ってもらえるのか。それは、実は搾取ではありません。LINEで24時間質問に答えたり、他の人には言えない悩みを聞いたりする関係であり、他の誰よりも女性を楽しませているからなのです。それらに女性が価値を感じてお金を出しています。

ですから、男性側も女性側も**搾取するという概念を捨てましょう。**人がお金を払うのは**「感情が動いた時」**です。逆に言えば、相手の感情が動いていないのにお金をもらった場合、価値の等価交換が発生していないために簡単に関係は壊れてしまいます。自分が金銭を払う時は、ちゃんと自分の感情が動いたのか、相手が金銭を出す時は相手の感情をちゃんと動かせたかどうかにしっかりと目を向けましょう。

ポイント

- **搾取してくる人とは付き合わない**

8　本気で仕事に取り組んでいる人を選ぶ

本気で仕事をしていない人と付き合っても将来性はないし、自分が仕事を頑張りたいと思っていても熱意が削がれてしまいます。パートナーは自分の鏡です。自分もしっかりと仕事をしてパートナーもちゃんと仕事をしていることで相乗効果が生まれ、キャリアアップに繋がります。お互いが高い熱量を持って働くことで、もっと素敵な関係を作れるはずです。

ポイント

- **仕事意識が高い人と一緒にいる**

9 「自分が満たされる恋」をする

自分が本質的な価値をしっかりと感じてない相手と付き合うと自分のエネルギーが落ちてしまうので、価値を感じられる人といるようにしましょう。

価値とは主に、**「見た目」「会話」「人間性」**の3つです。

「見た目」は大事です。見た目がしっかりしている人は、他人にどう見られているかへの意識が高い人が多い。その人の美意識が高いかを確認してみましょう。

その次に、「会話」です。

会話に関してはいろいろありますが、重要なことは3つです。**「聞く力」「楽しませる**

力」「プレゼン力」です。

「聞く力」とは偏見なく相手の会話に同調して共感する力です。多くの人は相手の話を聞けない場合が多いです。相手の話をさえぎってしまったり、相槌をうつのが苦手だったり。話をしっかり聞けない人は思いやりがない場合が多いので注意が必要です。話を聞けない人、ただ会話が面白い人と付き合ってもストレスしかたまらない。なのでちゃんと自分の話を聞いてくれる人なのかを確認しましょう。

その次は「楽しませる力」です。楽しませるのがなぜ大事なのか？　相手を楽しませようと思う人は、相手のことをちゃんと考えてくれる性格であるケースが多いからです。逆にNGなのが、自慢話が多い人です。自慢話が多い人はベクトルが自分に向いており、自分が認められたい、自分がよい思いをすればいいと思ってしまっている人が多いのです。

まずは、「楽しませてくれる」、つまりエンターテイナー性が高い人を探しましょう。

「話が聞ける」「楽しませる」という、ふたつがしっかりできる人、身だしなみがちゃんとしている人であれば満足できるはずです。

そして、女性であれば見てほしい点が、その男性に「プレゼン力」があるかどうかです。

プレゼン力とは何か？　それは**「自分の目標を根拠ある形で語れる力」**です。

これができる男性は今の経済力や地位に関係なく出世します。ですから、しっかりとしたプレゼン力がある男性かに目を向けましょう。

そして最後に「人間性」。何度も今回の本で言っていますが、人間性とは、**「自分のためではなく人のために頑張れる人」**です。自分のため、自分が目立とうとして生きている人に、人はついていきません。ですから、その人が部下を大切にしているか、自分のやりたいことよりも相手のことを思って行動しているかに目を向けましょう。そうすればおのずと人間性が素晴らしいパートナーを選ぶことになるはずです。

まず自分がしっかりとしていなければ素晴らしいパートナーが見つかるはずがないです。周りは自分の鏡と言われるように、逆に言えば自分がちゃんとしていればおのずとよいパートナーに恵まれます。

ポイント

- **価値がある人と付き合う**
- **価値とは「見た目」「会話」「人間性」**
- **自分が価値ある人になる**

10　細かい美意識が素敵な男性を惹き寄せる

美意識を持たないと、価値があるパートナーは寄ってきません。

価値があるパートナーとは、しっかり喋れて、見た目も磨いていて、仕事もちゃんとしている男性。彼らはネイルをしているか、してない場合もちゃんと整えているか、髪の毛が美しいかなど、細かいところを見ています。なぜなら素敵な男性は仕事を成功させるために細かいところまで拘（こだわ）ってきたから。女性にも同じ価値感や美意識を求めます。

自分自身がそうなると、おのずとパートナーの細かい変化や、感情の動きにも気づけます。

ポイント

・自分磨きを忘れない

11　自慢話は、あなたが弱い証拠

自分の話ばかりする人はモテません。人は自分の話を聞いてほしいし、自分の興味ある話題を話したいからです。

自分の話ばかりしていると、自分勝手な人だと思われます。自慢話ではなく、相手が話したいことを探り、適切な質問をして話を展開できるようになりましょう。

それだけで相手の好感度は圧倒的に変わります。

その中でしっかりと共感し、同調することが、信頼関係を作るきっかけになります。

自分に実績があることを誇らず、相手を気持ちよくする、相手に価値を与えることを目ざして動きましょう。周りの見る目が全然変わります。自分勝手な人は確実にモテません。ですから、しっかりと相手のことを考えて発言していきましょう。これだけで爆発的にモテます。

ポイント

・自慢話をやめて、相手の話を聞こう

12　恋の成功の秘訣は「LINEの思いやり」

モテない人の特徴は、LINEの使い方が自分勝手であり、相手のことを思ってメッセージを送っていないことです。

LINEを送れば相手が読むわけで、忙しい時間の中、自分のために時間を割いてくれています。それならどうしたら相手がもっと喜んでくれるか、気持ちよくなるかを考えてLINEを送ってあげることこそ、思いやりではないでしょうか？

なんとなく送るのは、相手の時間を奪うようなものですし、流れ作業のように送っていても、相手を感動させることはできません。

ですから、LINEを送る前にしっかりと考えること。コツは、相手がどうしたらもっと喜んでくれるかを自分の中で細かく思考することです。

そのためには相手があなたにどれだけ好感を持っているのか、熱量があるのかなど、あなたが相手にもっと興味を持っていないといけないはずです。常日ごろ相手のことを理解するように心がけましょう。

ポイント

- **流れ作業のようなＬＩＮＥは送らない**

13　ひとつひとつのデートを大切に

また、デートも同じです。適当なデートをするのは相手に失礼です。なぜなら、デートとは相手の貴重な時間をもらうことだからです。

その考えがないとホストは絶対に売れませんし、夜職の女の子もお客様からお金をもらうことはできないでしょう。

なぜなら、時間をもらうこととお金をもらうことはある種、似ているからです。

どちらも相手の貴重な資産をもらう行為であり、資産を分け与えてもらうためには自分がそれくらい価値があると示す、つまり相手に対して自分の価値を発揮する必要があるからです。

なあなあで店外デートをするようでは、ＬＩＮＥと同じく、相手を感動させることはできません。感動こそが新しいものを生みます。感動させろとまでは言いませんが、できる限り他の人には真似（まね）できないクオリティを目指しましょう。

またこれは行く場所だけでなく、会話でも同様です。今まで書いてきたように、相手のことを思いやり、言葉に頼らず、身振り手振りでもしっかりと価値を発揮すれば、異性はあなたを素敵だとしっかり思い、よいパートナーと結ばれるでしょう。

ＬＩＮＥと同様、デートやデート中の会話にこだわり、パートナーに対して最大限の価値を発揮できるようになりましょう。

ポイント

- **デートとは相手の貴重な時間をもらうこと**

14 LINEの「駆け引き」を身につけ、ワンランク上の女性になる

現代社会において大事な「LINE」。では、LINEをどう使えばいいか。大事なのは、ふたつです。「話を聞く」ことと「主張する」ことです。

「話を聞く」とは、相手が振ってきた内容をちゃんと聞いてあげることです。当たり前のようでできている人が意外に少ないです。

例えば、相手が食べ物の話をしてきたら、どんな食べ物が好きなの？　と聞いて会話を広げてあげましょう。相手が話していて「気持ちがよい」と思われるような会話展開をLINEでできるのが理想です。相手がしてほしそうな質問をしましょう。

他の例としては、今日何してたの？　と聞かれたら、「料理して、こういうものを作

っていた。あなたは仕事どうだった？」など、相手が聞いてほしそうなことを察知して自然に話を動かすのが正解です。そのためにはよく相手を観察しましょう。

ＬＩＮＥが上手くいかない人は自分がモテようモテようとするあまり、好意を相手に示しすぎていたり、自己アピールがすごすぎていたりします。まずは話を聞く。相手側が話したい内容を振ってあげる癖をつけましょう。

その次に**「主張する」**ことです。男性も一部の人は相手のことを思って行動してくれるし、デートだって考えてくれます。それなのに何が好きで何が嫌いかの情報を言わないと、男性としてもどうしていいかわからなくなります。

会話の中でこんなところにデートに行きたい、こういう食べ物が好き、散歩が趣味など、嫌味がないレベルで教えてあげてください。**「自己開示」**をほどほどにしていかないと、相手もどう自分を扱っていいか、何をしてあげればいいかがわかりません。

「自己開示」して自分のことを知ってもらい、相手がデートを組みやすいようにする努力をしましょう。しかしこれは、自分がコレ食べたい！　ここに行きたいと自分勝手な主張をするためではなく、あくまで相手が自分のためにしてあげたい、を叶えるためのリードだと思ってください。

自分勝手な女性や男性は年を取るとだんだんモテなくなっていきます。綺麗だったから、イケメンだったからという理由で通っていたわがままは、徐々に通らなくなっていきますし、同じ見た目だったら性格がよいほうが選ばれるに決まっています。

あくまでも「相手のため」という意識を忘れないでおきましょう。

ポイント

- **LINEでは、「話を聞く」ことと、「主張する」こと**

15　なぜ女性はホストに依存するのか？

なぜ人は人に依存するのか？　その秘密を教えます。「普段ちゃんと話を聞いてくれて気持ちよく一緒にいた人が、突然話を聞かなくなって心配になるから」です。毎日もらえていた美味しい飴が、突然もらえなくなるような感じです。その飴を楽しみにしているのに、突然もらえなくなったら不安になりませんか？

恋愛も同じです。毎日楽しく話を聞いてくれていたのに、その人が急にどこかに行ってしまったら不安になるはずです。**ですから、依存させたかったら、まずは相手の話をしっかり聞いて、相手を心地よくしてあげましょう。**

話を聞いて、気持ちよく褒めることで、相手は、自分の理解者になってくれたと錯覚します。錯覚されるくらい相手の話を気持ちよく聞くのが大事です。

一般の人は相手の話をちゃんと聞けないことが多いです。例えば、相手が「水族館行ってきた！」と言ったら、「水族館いいね！　イルカショーとか素敵だよね！」など水族館に関する話題を広げればいいのに、話をさえぎって、「いいね、俺は先月動物園行ってきた」と話を変えてしまう人が多いです。相手が話題を振ってきたら、ちゃんと聞くこと。ちゃんと聞いてあげることで、大事な話もこの人には話そうと思ってくれるようになります。

自分に依存してほしいと思ったら、**「正確に話を聞くこと」**を意識してください。

あともうひとつは**「相手が思う理想を演じる」**ことです。

例えば、ホストクラブにくる女性も、求めているものが人によって違います。ただイケメンと楽しく飲みたい人、逆にイケメンと枕したい人、恋愛を求める人、擬似恋愛したい人など多種多様です。求められているものが違うのにそれができないと、自分という商品を買ってくれません。例えばジムに入会する人もそれぞれ入会理由が違います。運動能力を高めたい人もいればダイエットしたい人もいます。それを見極めることが大事です。

恋愛も同じです。求めているものがみな、違います。男性には相手に仕事を頑張ってほしい人もいるし、逆に家庭に入ってほしい人もいます。またどんな言葉をかけられたいかも人によって違います。なので、相手が求める女性像を演じることで、相手の反応も変わります。発言する前に、自分が相手にどう見られたいかのキャラ設定をしっかりと作ってから会話をすることでうまくいく可能性が上がります。

そして、突然飴をあげるのをやめてみてください（高度ですが）！

ポイント

・正確に話を聞き、相手の理想を演じ、最後は「飴をあげる」のをやめること

16 「サンクコスト」をかけたいくらい魅力的になれるか

なぜ女性がホストに依存することがあるのか？

それは**「サンクコスト」**がかかっているからです。**「お金」「時間」「マインド」**がすべてかかっているからです。

その男性に対して、たくさんお金を使ってきた、時間をかけてきた、マインド、つまりその男性を考える時間をたくさん取ってきたから、もう切ることが想像できないのです。

しかし、その依存状態の前にあるのが、「一緒に過ごした楽しい思い出がある、または一緒に過ごしたくて、たくさんのお金、時間、マインドをかけてきた」ことです。

つまり、サンクコストをかけたいと思えるくらいの人になればモテます。これは女性側も使えることだと思います。まずは相手の話を聞いてあげて相手の承認欲求を自然に満たしてあげること、相手が一緒にいたいと思えるような会話を展開できること。

その上で相手が時間をかけてきたことで、相手にとっては手放せなくなります。なので、手放せない人を目指して恋愛をしていきましょう。そうすることで、簡単には切れない関係性を作れるはずです。

もし依存関係を作りたいのであれば、まずは相手に対して誠実に接して、相手の承認欲求を満たし、一緒にいて居心地がいい人を目指してください。そういう関係性の人が突然突き放し、いなくなることで、人は依存状態になってしまうのです。

ポイント

・お金、時間、マインドの「サンクコスト」があると、人は依存する

17 「割り勘」になったら危険信号

女性相手に割り勘をする男性は最悪です。会計はサクッと相手が見ていない時に、例えばトイレに行っている時に終わらせておいてくれるもの。いい男性は、会話でも楽しませてくれて、見た目も素敵で、会計もスマートなはずです。

しかし、なぜ男性が割り勘にする時があるのか？　それはあなたが**「テイカー」**だと思われているからです。テイカーとは搾取する人のことです。男性からしたら、「こんだけ楽しませて相手のためにしてあげているのに、なぜこの女の子はありがとうと言えないのだろう。どうせ自分が何かをしても感謝されないし、されたところでメリットがないし、意味がないな」と思われているのです。

特に最悪なのが、「一回体の関係ができたらいいや、だからご飯一回奢っとけばいいや」くらいに思われてしまうことです。

では、どうしたらそういった冷たい関係にならないか。それはすごくシンプルで、デート中も相手の男性のことを思いやって、盛り上げたり話を聞いてあげたりすればいいのです。そしてご飯が美味しいこと、お店を探してくれたことにちゃんと**感謝**しましょう。

確かに現代社会において女性が美容にかけるお金や時間は膨大です。毎月美容院に行ったり、ファッションを研究したり、メイクを研究したりして、それに使うお金も馬鹿にならないでしょう。しかし、男性もモテる人はエステに毎月行き、食生活に気をつけており、会話を磨き、仕事もしっかりしています。それにお金がかかるのです。

本当にいい男性を惹き寄せたいのなら、自分も**「一流」**に近づくことが大事です。自分だけが大変！　という思考を捨てて、外見を磨くことはもちろんですが、相手をリスペクトし、相手の価値を上げられる女性になることでモテる女性になりましょう。また男性にも言いたいことがあります。相手が思わず「ありがとう」と言ってくれるよう、会話や見た目を磨き、他の男性と差別化される人になりましょう。

ポイント

- **割り勘になったら、自分の態度を見直そう**
- **でも、割り勘をさせる男性は最悪だと覚えておく**

18 男が一瞬で冷める時

男が一瞬で冷める時。それは感情的になられてヒステリーを起こされる時です。

確かに男性が浮気したり、変なことをしていたら怒りたくなる気持ちはわかります。しかし、感情的になりすぎて、殴ったり、怒鳴ったりするのはやめましょう。

男性は「論理」で話したいものです。冷静になるのは難しいと思いますが、その時もしっかりと話せばいいだけですし、もし自分がちゃんと話しても通じないのであれば、もう別れましょう。

頭が悪い人と付き合うと、自分の価値が下がります。特に女性の場合は、頭が悪い男性と付き合っていると、自分まで頭が悪くなってしまいます。

そして、女性が怒った時、さらに感情的になって怒鳴ってきたり、殴ってくる男性とは付き合わない方がいいです。理由は、世の中には理不尽に耐えなければいけないことが多いのに、パートナーまでも理不尽である必要はないからです。**こんな男性は器が小さく、将来性がありません。**

男性なのに感情的に怒ってしまうということは、自分の部下に対しても同じことをしてしまっているケースが多いのです。ということは、その人は同性から愛されにくく、仕事でもトラブルを起こしてしまう可能性が高いことを暗示しています。素敵な人を見つけるために**冷静になれる知性**を身につけましょう。

ポイント

・いつも冷静に対処すること

19 「綺麗な言葉」を使っていますか

男性が冷めてしまう女性の口癖、それは**「汚い日本語」**です。「ウケる！」だったり、「馬鹿なの？」だったりの、汚い日本語を使っているだけで、無意識に男性はだらしない女性と認識し、決していいパートナーとしては見てくれません。

同性が多いとついノリで発言してしまい、日本語が汚くなってしまいますが、大事なのは見られ方です。逆の立場になれば、汚い日本語ばかり使う男性に対して知性や品位を感じないはずです。自分の日本語が汚くなっていないかを常に確認しましょう。

ポイント

・あなたの汚い日本語の口癖、それがイタい

20 彼女ありの男を諦めてしまうと「福」が逃げる

彼女ありの男でも諦（あきら）めるのは違います。なぜかというと、**男性が長期的なパートナーとして選ぶのは、女性としての性の魅力からではありません。その女性が自分勝手ではなく思いやりがあり、数十年後も一緒にいても苦痛ではないと思うからです。あなたが素敵な女性なら、男性にパートナーがいても選ばれるチャンスはあります。**

男性から見て、一緒にいて苦痛なのは、自分の美容のことばかり考えたり、自分主導で物事を決めようとしたりする女性です。たいして会話が面白くない、話も聞いてくれないのにダイヤの指輪が欲しい、洋服を買ってほしいと言われたら、今は綺麗だし周りに自慢できるから付き合っていたとしても、遊びの相手として認識されて、大切にされることはありません。

もちろん、自分の外見や会話、人間性を磨かない、ただ優しいだけの女性ではモテませんが、自分勝手な思考を捨てるだけでモテるようになると思います。

その男性がどんな仕事をしていて、どういう時に仕事で嬉しくて、どういう時に悲しむのか。どんな後輩を可愛がっていて、どんな上司が嫌いなのか。好きな食べ物や趣味はもちろん、なぜそれらのことが好きになったのか。どれくらいの時間を割いているのか。そういうことを理解されるだけで男性は嬉しいはずです。

話を聞ける女性が「モテ上手」です。

もしその人にパートナーがいたとしても、ときどき何人かで、たまにはふたりで会って、相手のことを知る時間を作りましょう。その上で自分というものをしっかりと磨いていれば、相手も魅力に気づいて振り向いてくれるかもしれません。焦って色気で勝負しようとしたり、寝取ることを考えたりするよりも、まずは自分の人間性を磨くことと、ちゃんとした会話を意識するようにしましょう。

焦って色仕掛けをしても一晩の相手で終わります。少しでも自分の外見を磨き、また人間性を磨き、自分が相手のことを好きで会いたいという気持ちを押し付けるのではなく、どうしたら相手をもっと深く理解できるのかを考えましょう。

ポイント

- **もし、好きな男性に彼女がいても諦めない。相手のことを知る時間を作りましょう**

21 脈なしを脈ありにする魔法

脈なしを脈ありにする方法。それは、「自分のことを知ってもらう努力」をやめて、**「相手のことを知る努力」**をすることです。

相手を脈ありにしようと、つい人がやってしまうのが、自分のことを必死にアピールすることです。しかし、アピールする分だけどんどん相手は気持ち悪さを覚えます。

例えば、相手に自分のことを好きにさせようとして、自分の得意料理をふるまう場合と、相手が好きなものを作る場合、どっちがモテるか。それはもちろん、後者の相手が好きなものを作ることです。

自分のセンスを見せようとして自分の好きなものをあげても、相手の心に響きませんが、相手が好きなブランドを調べてからプレゼントすれば、好感度は上がるはずです。どんな相手にもモテたいと思うのであれば、自分の視点を変えましょう。自分勝手な女性が相手に大切にされるわけがありません。昔は美人でモテていたのに現在モテていない人はこのケースが多いです。自分も相手を思いやり、相手も自分を思いやることで健全な関係が育まれます。

脈ありにしたいのであれば、相手が求めることを行う癖をつけましょう。

ポイント

・脈ありにする大事な秘訣は、相手は何に興味があるのかを知ること

22　ポジティブが良縁を引き寄せる

ポジティブなほうがモテるに決まっています。ポジティブだと一緒にいて元気になるからです。無意識に人は自分にとってメリットがあるものを選びがち。現代社会の男性は常に忙しく、ストレスばかり。それなのに会った時に愚痴ってネガティブだったり、人の悪口ばかり言っていたりしたら悪い〝気〟を受けてしまい、仕事にも支障が出ます。

そんなパートナーを選ぶ人はいません。かまってほしいと思いすぎて病むのはやめましょう。ちゃんとした男性は明るくて人のことを考えられる女性を選びます。

ポイント

・明るい女の子でいるとモテる

23 周りの男性の態度は今の自分の鏡

「体目的で男性が寄ってきて怖い」という思考習慣はやめましょう。

体目的で寄ってきたのではなく、**あなたが体以外に魅力がないと思われてしまっているだけです。**

では、どうすればそこから脱却できるようになるのか。**「相手の話を聞ける」「話して楽しい」「『ありがとう』が言える」**、それだけで大丈夫です。

話してて居心地がよければ、男性はそんないやらしい目だけで見ません。男性が無意識に嫌うのは、自分の話ばかりしてくる女性です。女性同士の会話だったり付き合いが長い男性であったりすればいいですが、初対面からずっと自分の話ばかりする女性に対して好意を覚える男性はいません。

初デートで最悪な相手は、ずっと自分の話、しかも自慢話や共感してほしい！　というような内容の会話ばかり延々としてきて、感謝など何も示さない女性です。それではモテるはずがありません。

相手と自然な会話を心がけ、相手と話す割合を3：7ぐらいにしてまずは相手にちゃんと喋らせましょう。素敵な男性だったら自然と話を振ってくれるはずです。しっかりと人としての魅力を磨き、健全な関係を作りましょう。

ポイント

・体以外に魅力がないから、体目的で男性が近寄ってくる

24「仕事と私、どっちが好き？」は絶対NG

「仕事と私、どっちが好き？」という質問はナンセンスです。どっちも大事に決まっています。

むしろ仕事をちゃんとしないで色ボケしている男性に将来性があるわけがありません。仕事に対して熱い気持ちを持っている、お金のためだけでなくて社会のために精一杯働いているから魅力があるのに、それを自分の独占欲で蝕（むしば）んでしまうと、男性にも魅力がなくなり、ふたりの関係性もどんどんおかしくなってしまいます。

しかし、女性の気持ちをわかろうとしない男性が多すぎるのもわかります。仕事や出世ばかりが頭にあり、そのせいで女性と対話をしようとしない、「仕事を頑張ってる俺を理解してくれ」と背中で語ろうとする男性が多すぎます。そういった思いやりがない男性と付き合っていても、将来幸せになれません。

お金がある男性といるから幸せになるのではなく、精神的な幸福があった上で経済的にも恵まれていることで幸せを感じるのです。

ですから、その男性が仕事ばかりではなく、自分と対話しているか、自分のことを理解しようとしてくれているかをちゃんと見ましょう。人間関係で大事なのは「相互理解」です。相互理解が深まらないまま時間が進んでいくと、いくらたっても幸せになれないので気をつけましょう。

ポイント

- **浅はかな質問はしないで堂々としていよう**
- **男女は相互理解が大事**

25 「嫉妬」はビューティーの天敵

彼氏の元カノに嫉妬するのはやめましょう。何故なら男性が嫌がるのは、過去のことを延々と言われることです。終わったことをいくら言われても、もう変えられません。言っている女性側も傷つくだけです。

男性の過去の浮気や不倫を責めたところで何が残るでしょうか。お互いが傷つくだけです。未来に目を向けるだけでだいぶ変わるはずです。健全な関係を作ることにもっと注力していきましょう。

ポイント

・彼氏の過去はつつかない

26 ドタキャンされた時はチャンス⁉

彼がデートをドタキャンしても、感情的になって怒るのはやめましょう。自分の時間を浪費されてしまった、自分が大事にされてないと思うのはあくまで自分本位の感情。そうではなく、「相手にも用事があった」「どうしても会いたいと思われるような自分ではなかった」と思い、相手の話にもっと耳を傾け、なんで来れなかったのかを聞いてあげる。**余裕を持つこと**が大事です。相手を責めるのではなく自分の魅力を磨くことに注力すれば、相手はあなたを見直します。

ポイント

- **相手のドタキャンを自分を磨くチャンスとする**

27 自分が本命かどうか調べる方法

自分が本命かどうか調べる方法は簡単。それはＬＩＮＥです。相手のＬＩＮＥの返事が早いか、丁寧に返してくれるか。**男性は仕事が忙しくてもひとりの女性のことを大切にするものです。**好きであれば返信が早いし、丁寧に返してくれます。

もうひとつは、体目的かどうかを確認することです。本当に好きな女性であれば、毎回ホテルに行くのではなく、その女性のために素敵なデートを組んでくれるはずです。

ポイント

- 本命女子に、男は必ずＬＩＮＥを返す
- 毎回ホテルに行く男からは大切にされていないと思え

28 絶対信じてはいけない男の言葉

絶対に信じてはいけない男性の言葉、それは「忙しくて会えない」です。

本当に相手のことを好きならどんなに忙しくてもLINEを返します。では、どうしたら相手からLINEが返ってくるのか？　それは、「会った時にちゃんと自分の価値を出すこと」です。

何度も言っていますが、まずは「相手の話を聞ける」ようになりましょう。特に男性はプライドが高いので、自分の意見をぶつけたり、知ったかぶりをしたり、偉そうな態度をとったりせず、相手の意見を素直な気持ちで聞いて、感想や質問を返せばいいでしょう。その上で、自分の話の割合を減らし、相手を褒められるようになるとモテ方がかなり変わります。

例えば、相手が「転職したい」と言ったら、「なんで転職したいの？」と聞く。持論をぶつけるよりも質問をして深掘りをしてあげましょう。

そしてときどき褒めてあげることで、相手は気持ちよく話してくれます。それを逆に、話をさえぎってしまったり、自分の意見をぶつけたりしてしまうと、めんどくさい女性だと思われてしまいます。相手を立てられる女性になりましょう。

ポイント

- **「モテ上手」は「聞き上手」**
- **大切な女性には「忙しくて会えない」とは絶対言わない**

29　男子が「絶対つき合いたい」と思う女子

絶対つき合いたくない女性。それは感情のムラが激しすぎる人です。感情のムラが激しいと、何を言ってても怒ってきてしまうのに疲れてしまうし、ある程度話さないとまともな対話ができないので、男性の心が疲れてしまいます。

逆に、感情を出さず何も言わずに離れてしまう女性も男性から見たら味気ないし、どうしていいかわからなくなります。

では、感情を出す女性、感情を出さない女性、どちらがいいか。

その答えは僕の場合、決まっています。**結局は男性しだい**ということです。相手の女性が感情を爆発させて荒れるのも男性のせいだし、感情をお互いが出さずに離れてしまうのも男性の力量不足です。

しかしもうひとつ、深い原因があります。それは女性の**「だらしない部分」**です。だらしないとはデートまでにやるべきことや約束したことをやらないことです。人に会う前なのに爪を綺麗にしていないだとか、トリートメントをしない、お洒落をしない、などもそれに含まれます。

相手のために頑張ろう、仕事しよう、美しくなろうと思っても、「だらしなさ」が原因で前に進めないのです。僕はほとんどのことは男性のせいだと思っていますが、せめて女性にはだらしなさに打ち勝ってほしいと思っています。モテたかったら自分の怠慢さに向き合う癖をつけましょう。

ポイント

- **自分の怠慢さに向き合うこと**
- **会う前に身だしなみは整えているか**

30 モテる女性は「プレゼント選び」を失敗しない

もらっても嬉しくないプレゼントは、男性によって違います。

ただ、プレゼントで間違いないのはネクタイだと思っています。ハイブランドのネクタイ、特にLOUIS VUITTON（ルイ・ヴィトン）、DIOR（ディオール）、HERMÉS（エルメス）は外さないので迷ったらネクタイをあげるようにしましょう。

他におすすめなのは、ハンドクリームと香水です。個人的には、今だとBYREDO（バイレード）のハンドクリームと香水はお洒落で外さないと思うので、是非手に取ってもらいたいです。

極論、欲しいものは男性によって違うと思いますが、本当にモテる女性はプレゼント選びを失敗することはありません。それはなぜか？　相手のことを理解する癖をつけているし、軽い気持ちでプレゼントを選んでいないからです。しっかりと情報収集をしてプレゼントを渡しているからです。情報力を身につけましょう

ポイント

- **プレゼントで外さないのはネクタイとハンドクリーム、香水**
- **でも一番重要なのは好きな男性の情報を得ること**

31　美人はギャップで男性を沼らせる

異性が恋に落ちる時。それは意図的に生み出せます。

そこに必要なものは**「ギャップ」**です。

例えばホストであったら——可愛いのにオラオラしてくるホスト。背が高くて怖そうなのに実は優しいホスト。いつも一生懸命頑張っているのに本当は陰で無理していてときどき弱みを見せてくれるホスト——年間1億円以上売っているホストはだいたいギャップを持っています。

それと同じように、もしモテたかったら、好きな男性にギャップを見せてください。

すごく仕事ができてかっこいいのにかわいいところがある、完璧主義に見えて男性に甘えられる、仕事で真顔なのに突然笑顔になる、美人系なのに可愛い笑顔ができる。頭がいいのに抜けたところがある、などです。

男性は、しっかりしているのと同時に、面倒をみたいなと思う女性に惹かれます。**もし恋愛に行きづまっていたら、ギャップを意識してみてください。**

ビューティー足りてる?

ポイント

- **売れているホストには必ずギャップがある。女の子もそれに学んで**

第2章 BUSINESS 仕事

ホストという仕事は、意外かもしれませんが、実は人としてどれくらいちゃんとしているかがテーマだったりします。なぜなら、**指名してもらうには、指名してもらうだけの価値が必要だからです。**お客様は一般の男性に満足できないからホストクラブに来るわけであって、そのために見た目、会話力、接客能力を磨かないといけません。

それと同時に、人として尊敬されないと、長い時間大金を使ってもらえることはありません。例えば、ホストクラブで女の子が男の子を指名すると、横に指名した人が座りますが、テーブルの向かい側にはヘルプの男の子がつきます。

しかし、その担当の人望がないと、まったくヘルプに来てくれません。

どうしたらヘルプに来てくれるのか？　それは、都合がつく限りいつも誰かのヘルプについていて、後輩や先輩と常に仲良くしていること。そういったことで、仲間が助けようと思ってくれるのです。**「利他の精神」**が大事なのです。

また、細かいところでかっこいいと思われ、尊敬されていないと指名されません。例えば、座るだけで数万円かかるのに、担当が遅刻したり、当欠（その日に突然休むこと）したり、出勤していなかったりしたらどうでしょうか？　数万円を払う価値をお客様が感じなくなります。

ホストは人としてちゃんとする必要があるのです。これから、そのホストを通じて学んだ、仕事をうまく活かせるノウハウを書いていきますが、仕事を成功させるのに一番大事な秘訣は、**マインドを変えることです。**悪いマインドを持ったまま働いても人はついてこないし、短期的にお金を稼ぐことはできてもすぐに破綻（はたん）します。

ですから、しっかりとしたマインドを身につけ、心を磨くことで、短期でも成功することができます。またマインドがよくても、自分の戦うフィールドを間違えていたらそのまま失敗するので、それに関しても述べていこうと思います。もちろんマインド以外にも人に好かれる技術やテクニックはありますが、一番はマインドなので、**まずはマインドをビューティーにしましょう。**

1　「自分が目立つ」のではなく「人を立てる」

僕は2022年3月、日本最大級のホストクラブブランド1400人の中で1位だったので、トラックに載りました（街中に走っているアドバタイジング用トラックの看板に写真が載ること）。でもだからと言って、周りに真の意味で尊敬されたわけではありません。その前に、周りのために動いているからこそ、人として尊敬されることができたと思います。ホストで勘違いしがちなのが、いや社会人でやりがちなのが、**自分が目立とうとして動いてしまい、人に嫌われてしまうことです。**

ですが、そんな自分勝手な人には誰もついていきません。人は一緒にいて心地よい人や、一緒にいると自分のモチベーションが上がる、自分の力になってくれる人を望みます。

逆に言えば、自分だけが目立とう、自分の利益だけ取ろうとする上司についていきたいと思いますか？　思わないはずです。

ですから、まずは自分が目立とうとして他人の価値を下げるのではなく、あくまで相手がどう喜んでくれるか、どうしたら他人が気持ちよくなってくれるかを中心に考え、動くようにしましょう。他人に価値を与えられる人にこそ価値があります。

僕はホストで何度もNo.1を取ったことがありますが、それで自分がすごいと思ったことはありませんし、トラックに載っているからすごいと思ったこともありません。

営業前にがむしゃらに女の子とたくさん会って、営業後も時間を使って、初回からがっつけばいくらでもNo.1を取れるでしょう。**売れないホストがそれをやらないのは、自分に甘く生きているからです。**No.1になったのも、トラックに載ったのも、頑張ってくれた姫様が喜んでくれるから嬉しかったですし、その上で後輩の子たちが僕を見て憧れて、もっと頑張りたいと思ってくれることにも価値があります。

さらに、自分がヘルプについて後輩の卓で価値を発揮する、また自分が所属しているホストクラブを有名にする動きをするから価値があるわけであって、自分がNo.1になったことだけに価値があるわけではありません。

ホストクラブとしても、いい影響を与える人に1位になってほしいはずです。売上が高い人をスカウトする場合、移籍金を積んで給料をあげれば採用できるかもしれませんが、**周りに価値を与えられる人はそれ以上に価値がある人です。**その人がいれば、その人だけでなく、周りの売上も上げてくれるので、なくてはならない存在だからです。

No.1になった上で、何をするかが大事です。同じように、一般職の営業の場合、売上がすごいから誇る、エンジニアとしてコーディングが一番上手いから自分に価値があるという価値観は捨てましょう。

営業が得意な上に、**後輩に教えられるから価値があるし、周りを元気づけられるから**

価値があります。プログラミングが得意でいろいろな人に教えてあげたり手伝ってあげたりできるから価値があります。

ひとりの強い力があっても、いずれ売上は落ちるし、その時に人に信用されたり仲間がいなかったらそれで終わりです。

歌舞伎町でも、プレイヤーとして数千万円お金を貯めてオーナーになっても店をすぐ潰し、借金を作ってしまった先輩を何人も見てきました。プレイヤーとして売れても、自分勝手な性格で人がついてこないで、結局幸せになっていない人は何人もいるのです。

人望がないと、個人で独立する時に必ず失敗します。なぜなら自分がすごいと自慢する人についていきたいと思う人はいないし、個人の力がすごくても他人をまとめたり、教えられたりするとは限らないからです。

ですから、人のために働き、相手に価値を与えられる人間になり、**「人徳」**を手に入れましょう。

これは異性にモテたい、もしくは素敵な出会いが欲しい場合も必要なスキルです。まずは同性にモテることが大事。友達がいないと素敵な異性を紹介されることすらないし、ビジネスパートナーの輪も増えません。周りに好かれていなければ出世できず、付き合う人の層が変わりません。

自分の調子が悪かったら、自分勝手になっていないか、人のために動けているかを再度確認しましょう。

具体例

営業成績が1位になっても偉そうにせず、人のために頑張る。1位になっている時こそ周りの営業を手伝い、後輩の相談に乗ることで、数字だけでなく、人間として認められる人になる。

ポイント

- 他人の力になれる人になる
- 1位になるなど、目標を達成した後にどれだけ周りに貢献できたかが大事
- プレイヤーとして優秀でも自分勝手だと人生は失敗する

2 利他的な目標を持つ。現在は未来によって決まる

僕が将来やりたいのは、**多くの人に教育機会を与えることです。**その目標があるからこそ、後輩に教える時間もたくさん取るし、自分の所属しているホストクラブの仕事も多くこなすようにしています。その目標があるからこそ自分もやる気になるし、力が出ます。しかしそこで、ただ相手のために頑張るだけでは、相手は自分の目標に対して協力しづらいですし、自分自身もただのいい人で終わってしまいます。

ただのいい人だけに終わらないように、**社会的な目標**を持ちましょう。

それが他人のための目標だとなおよいです。自分勝手な目標ではなく、あくまで世の

中のため、他人のための目標があると、素晴らしい結果を生めるようになります。

例えば僕の場合、ホストでいえばNo.1になってお世話になっている上司に恩返ししたい、支えてくれている姫様に1位の景色を見せたい、昼の仕事で言えば、アンチエイジングドリンクを作って、もっとみんなが気軽に美しく生きられる世界を作りたい、などです。

しっかりとした目標があるからこそ人を感動させることができるし、自分が失敗した時、なぜ失敗したかがわかります。なぜなら、目標とどれくらい離れたかが、失敗を定量的に計るよいものさしになるからです。

人のために動き、人に応援してもらえる土俵がある上で目標を持つと、人は応援してくれるし、人がついてきます。ですから、目標を持つことを忘れないようにしましょう。

目標を言えないと人はついてきません。なぜホストクラブで大金が動くのか？　それは姫様もホストが言った目標を信じて、その目標に向かって進み、本気で叶えようとするからです。逆に、目標を語れないホストでは、大金を使ってもらうことは難しいと思います。ホストでも売上が伸び悩んでいる人は、**自分の目標について、感情をこめて熱く語る練習をしてほしいです。**

一般社会でも目標を言えないと、周りも何をどう応援したらいいかわからないし、なんとなく仕事してる人なんだなと思い、先輩後輩もどう接していいかわからなくなってしまうので、周りに迷惑がかかります。**自分の人生で何がしたいかを見つめる時間を作りましょう。**

現代人は目標を持つことを忘れているか、もしくは目標を持っているが現実からかけ離れているかのどっちかです。しかし、僕は、目標は現実から離れているくらいがちょうどよいと思っています。目標は自分が心からワクワクするもののほうがやる気が出るし、熱い気持ちで仕事ができるはずです。ただし、現実から離れている場合、周りの人からの応援が不可欠です。それなのに、利己的に動いていたり、自分の目標ばかりを語っていたりしては、自分勝手な人だと思われます。

目標を持つことは大事ですが、人のために動くことを忘れずに生きましょう。

自分の欲求だけにとらわれる人は人に利用されます。なぜなら欲が丸見えだからです。自分ではなく、相手にベクトルを向けて、夢が叶いやすい体質になりましょう。

加えて、表現は大切です。例えば、単に「起業したい！」ではなく、「私は起業することで、多くの人のトラブルを解決したい」「もっとみんなが美味しいものを気軽に食べられるようになってほしい」など、**あくまで相手のため、社会のために起業するような表現ができると人がついてきます。**

逆に最悪なのが、「モテたいから起業したい」「自分だけが稼げればいいや」という思考で会社を作ってしまったり、事業を始めてしまったりすることです。

あくまで僕たちは自分の欲のためではなく、社会のために生きるべきです。常に利他的な精神を持つことを忘れずに活動しましょう。

私欲を捨て、相手に喜んでもらうために働きましょう。

具体例

目標を語る時はホストであれば、1位を取りたい！ではなく、「姫様に1位の景色を見せたいから1位を取りたい」「1位の自分をお世話になった先輩に見せたいから、後輩に見せたいから、1位を取りたい」と言う。

ビジネスであれば、ブルーベリードリンクをやりたいではなく、「人々のアンチエイジングに貢献したいからブルーベリードリンクをやりたい」など。

お金のためにやれば必ず失敗します。なので、利他的な発言をしているうちに、自分自身が自然に利他的な思考になります。

ポイント

- **利他的な目標があると、人は応援してくれる**
- **目標を言って人を巻きこめる人になる**
- **目標がないと、何が失敗か定義できないので、常に目標を持つ**

3 運気を上げる一番のコツは「人の悪口を言わない」

「あの人は売上はあるけど、やり方に疑問がある」「あの人は上司にエコ贔屓(ひいき)されている」など、**自分の目標や利益のために人の悪口を言って落とすのは避けてください。**

特に頭がいい人にありがちなのが、組織に対して不満を言ってしまったり、周りの人の悪いところばっかりが目についてしまい、常に批判をしてしまうことです。陰口ばかり言ってしまう人は、いずれその人に仕返しされてしまうし、上司もそんな人を出世させようとは思いません。

周りを批判する人に、人はついてこないのです。ですから、まずは相手の悪口を言うのではなく、どうしたら相手が喜んで協力してくれるか、何を言ったら喜んでくれるかを考えて、相手がポジティブになる発言をするようにしましょう。無意識に悪口を言う癖がついているなら、すぐに変えましょう。いいことはひとつもないです。

ホストはネガティブをポジティブにする仕事です。相手に対してちゃんと価値を提供し、相手の手助けをして、WIN-WINな関係づくりをしていきましょう。

なぜ僕が、ホスト業界歴が短いにもかかわらず出世していったかというと、決して人の悪口を言わずに、人を下げなかったからです。**人を下げてまで自分が上がろうとすると、必ず誰かに出世を止められます。**

ですから、何があっても相手の悪口を言うのはやめましょう。

自分が上司だったらどういう人を出世させたいですか？

仮に悪口ばっかり言っている人がいたら、組織に対して悪影響をもたらすので、出世させたいと思わないでしょう。

特に水商売の世界では、**組織の秘密を簡単に言ってしまう人や、口が軽い人は重用されません。**「壁に耳あり障子に目あり」というように、言葉はどこかで必ず相手に伝わります。どんな時も相手の悪口を言わないようにしましょう。

人の悪いところではなく、いいところに目がいくようになると、**自分の精神状態もずいぶん安定します。**悪いところばかり見ると自分の考えや思考も暗くなり、ネガティブになるからです。

言葉と思考は繋がっています。明るい言葉ばかり言う人には明るい人が周りに増えるし、悪口ばかり言っている人には同じように悪口や陰口ばかり叩く人が集まるのです。悪い人たちに囲まれていると、お金の運も恋愛も仕事も、すべての運や出会いが離れていきます。

自分の周りを変えるには、思考と発言を変えるしかないのです。だいたいの場合、周りの環境が悪いのではなく、自分の思考と発言がおかしいせいで、変な人を周りに引き寄せてしまっているのです。

人生で成功したかったら、悪口を言う代わりにその人のいいところを3つ探しましょう。相手を褒めることができて、相手を楽しませられる人の周りに、人はいたいものです。つまらなくてネガティブな人といたいとは思わないでしょう？

具体例

人の悪いところをひとつ見つけたら、いいところを3つ見つける。

ポイント

- **人の悪口は絶対に言わない**
- **人の悪口を言うと、回り回って自分に返ってくる**

4 「魅せ方上手」が本物のビューティー

人は日常の忙しさにかまけて、どう見られるかを忘れ、自分だけが特別な存在だと思いこんでしまいます。ですが特別な存在などいないし、相手に自分はどう思われているかを考え、その発言は相手にどう捉えられているかを意識できれば、人間関係は変わっていきます。

取引相手の気持ちになって客観的に考えれば、清潔感がない相手から商品を買おうと思わないし、資料をちゃんと作らない人に対して何かしようと思わないはずです。

仕事でも恋愛でも、まずは自分がどういう人だったら話を聞きたいと思うのか、説得力が増すのかを考えて、見た目や発言を決める癖をつけましょう。売れているホストがすぐに指名をもらえるのは、この発言をすれば相手が喜ぶだろうな、この見た目だと指名が取れるだろうなと、長年の経験でわかるからです。

モテる人も同じです。モテる人は、どういう発言と見た目が異性に対して刺さるかわかるからモテているのです。

相手から見て魅力的でない見た目や発言をしているのにモテるわけがありません。相手のことを考える癖がついていれば、おのずと相手からどう見られるのが最適なのかがわかるはずです。逆に言えば、相手のことを思って発言できていても、**その人自身に価値や魅力がなければ、その言葉は相手に対して届かないのです。**

例えば、売れているホストはなぜ一般の男性と差別化できているのか。

それは、来てくれる姫様のことをなんでも知っていて、来るまでに誰をヘルプにつけたらいいかまでを考えているからです。

営業にも使えると思いますが、相手目線になって、この準備をしたら相手が喜んでくれるだろうな、満足するだろうなと、すべて相手を思い、考えているからこそ大事なものを記憶し、最高の準備ができます。

プロは相手の誕生日から好きな食べ物、好きな場所、思い出の場所、好きなお酒、どれくらい飲むか、何をされたら喜ぶか、記念日まで全部を覚えています。覚えられなければ、大切なクライアントに対してはノートを作ってください。

相手もそれほどまでされたら嬉しいはずです。それくらい、相手のことを知り、また自分がどう見られたいかを意識することですべての人間関係の形が変わります。

また、誰に言われるかで人は印象がまったく変わるのです。

例えば、ジャニーズのイケメンに告白されるのと、よくわからないダサいオジさんに告白されるのでは圧倒的に違うでしょう。また、自分が尊敬している経営者に意見を言われるのと、自分が普段馬鹿にしている後輩に言われるのだと、受け取り方が天と地ほどに違うはずです。

遅刻してばかりいる人に遅刻のことを言われたくないと思うでしょうし、すぐ帰る先輩に残業しろと言われても説得力がありません。

ホストでも、昔売れていたけれどまったく尊敬されず、意見を言っても通らない人がいます。自分が周りにどう思われているかを客観的に把握できず、しかも偉そうだから周りに尊敬されておらず、立場を失っているのです。

ですから、自分が発言してもしっかりと意見が通るように、内面も、地位も、態度も、外見も、常日ごろから作っておかないと、大事なチャンスを逃してしまいます。これらの説得力があるかないかで、相手への響き方が変わります。また、自分の社会的地位だけでなく、相手からの好感度によってもまったく変わります。普段から仲がよい人に飲みに誘われるのと、全然好きではない人に飲みに誘われるのでは印象が違うはずです。

相手を喜ばせよう、楽しませようと思って人に会う習慣がつくと、自然と楽しい人になることができます。相手目線はそれほど大事なことです。

常に自分がどう見られているか、どう見られているのが最適かを、自分の中でしっかりと考え、自分を作っておきましょう。

具体例

もし自分が頑張って喋っていても商談の成功率が低い場合は、ファッションを見直す。ちゃんとした清潔感がないと相手は話を聞いてくれないし、話に説得力がなくなる。髪の毛に艶感（つやかん）があるか、服に汚れがついていないかなどを確認する。そして、上級者は自分の香りまで確認できるといいと思います。

第1章で前述した「メラビアンの法則」を思い出そう。自分が思っているよりも、人は見た目に影響されるので、気を配ること。

そして営業として優秀でありたいなら、顧客の情報を集めたノートをひとりひとりについて作って、いつでも見返すようにしよう。

ポイント

- 「誰が」発言するかで、伝わり方はまったく変わる
- 相手の情報をすべて集めるイメージを持つ
- デートに誘うのがジャニーズのイケメンなのか、ダサいオジさんなのかでまったく印象は違う。女性の場合の例は挙げないけれど、逆もまたしかり。

5 「信頼関係」が一番大事

さらに大切なのが、相手との信頼関係ができているかです。

いくらよいことを言ったとしても、尊敬されているとしても、信頼関係ができてなければ何も生むことができません。尊敬されている上に相手との信頼関係ができていれば、困った時に助けてもらえるし、最高の仲間になります。

常日ごろから尊敬されることも含め、周りと積極的にコミュニケーションを取り、食事に行き、仕事の相談に乗るだけでなく楽しい時間を共有して、この人と一緒に遊びたい、この人になら何でも相談できるという信頼関係をしっかりと作りましょう。

売れてないホストに多いのが、シャンパンを入れてもらおう、もっと単価をあげようと思い、焦ってお客様にシャンパンばかりお願いすることです。それは本来のホストの姿ではありません。来てくれた時に全力で楽しませ、それまでＬＩＮＥで関係を作っているからこそ、相手が信頼して応援しようと思ってくれるのです。関係がしっかりできてない相手に対して、大金を使うはずがありません。ホストを始めてすぐは、イケメンでノリがよければ勢いで売上が上がるかもしれませんが、月間１０００万円以上売ろうと思ったら、姫様との信頼関係がないと不可能です。

営業の仕事をしている人は、お客様をお金として見るのではなく、まずは人間同士であることを理解し、どうしたらもっと信頼関係を相手と作れるかを意識してみてください。

保険にしても、不動産にしても、自分がある程度信頼できる人から買いたいはずです。それなのに、みんな自分が営業する立場になると、突然どううまく説得すれば買ってもらえるかだけを一生懸命に考えてしまいます。

そんな口先だけで人は商品を買いません。結局は商人と購買者という関係性ではなく、その前に人と人同士の関係性なので、人間として相手にどう見られているか、どうしたらもっと信用してもらえるかの根本的な問題に回帰しましょう。

特にありがちなのが、最初はすごくノリがよく、やる気があるからよい営業成績が残せるのですが、結局相手の話を聞かず、勢いだけで売上を取ってしまうと、相手との信頼関係ができず、どこかで売上成績が止まってしまいます。

もちろん楽しんでもらうことや、勢いも大事なのですが、相手とどうしたら信頼関係が作れるか、信頼を勝ち取れるかを意識して動いてみましょう。

自分のベクトルを、稼ぐことや出世ではなく、相手に尊敬される行動と言葉、また相手との信頼関係を作ることに向けることで、自然と出世もできますし、お金もついてきます。お金は人からの紹介や人の助けがなければ稼ぐことはできないからです。

具体例

尊敬を勝ち取った上で、人と信頼関係を作るようにしてください。

信頼関係を作るには、日々の会話です。自分が仕事ができるだけではなく、定期的に同期や後輩と時間を作り、楽しい時間を一緒に過ごすとよいです。仕事の話だけでなく、プライベートでも信用しているとわかれば周りも心を許してくれるようになります。相手に対して誠実な関心を寄せてください。ただ仕事の話ばかりの先輩を後輩が尊敬することはありません。人と人との付き合いを意識しましょう。

ポイント

- 「信頼関係」がないと人は商品を買ってくれない
- 「信頼関係」は急にできないので、日ごろから作る努力をする
- 信用を勝ち取るために相手に対して誠実な関心を寄せること

6 「情報」がすべての勝敗を決める。相手の情報をノートに記す

会話で一番大切なのが、相手を気持ちよくする会話です。

具体的には、相手が今、脳内で何を考えているかを把握すること。それに対して面白いことを言ったり、相手が話したい内容をちゃんと聞いたりしてあげましょう。

人はだいたい、その時々に一番深く考えている悩みや、一番ハマっている趣味があります。売れているホストは相手が何を考えていて何を話したいかを瞬時に察知する癖がついています。それと逆に、売れないホストは自分の趣味の話ばかりをして、自分勝手な人だと思われてしまいます。

相手が興味ないことをひたすら喋ることは好感度を下げてしまい、結局恋愛でもうま

くいきません。相手が楽しそうに自分の話を聞いているようでも、内心では自分勝手で一緒にいてもつまらないなあと思われているかもしれません。

もちろん、面白い会話をすることもすごく大事なのですが、それよりも、相手が自分に対してどういう感情をいだいているのか、相手は今何を話したいのか、それをどう聞いたら相手が喜んでくれるのかをちゃんと考えて話しましょう。そうすることで相手との信頼関係が生まれます。

ですから、信頼関係を作るためにも、相手が自分に対して何を求めているかを客観視して捉えられるようにしましょう。

一緒にいて楽しい人と過ごした方が幸福度が高いはずです。その当たり前の事実を、人は忘れがちです。

これができないと、どんな仕事をしても失敗するし、いずれ人は離れていきます。若い時は、押しが強く、要求するのが得意な人が残りますが、人から搾取ばっかりしていると、相手はこの人といても利益がないと思い、自然に離れていってしまうのです。

ですから、自分が何をしたいかよりも、相手が何を考えていて、何をしてほしいかを情報収集し、察知してから会話をすることで、会話の幅が広がります。

自分だったら、今日あった面白いことを聞いてほしいし、何に悩んでいるか、また自分の興味ある分野で話を進めてほしいと思うはずです。それなのに、他人に対して自分の意見を押し付けるのは違うと思います。

そのためには、相手が行きたい場所、どんなことをしたら喜んでくれるのか、好きな食べ物、嫌いな食べ物は何かなど、すべてを覚えていて、覚えられないならノートに書き、情報がある中で会話をすることです。これが相手がしてほしいことを探すヒントになります。

一流のホスト、そして営業は当たり前にこれをやっています。そうすることで、次のアポイントでも話を途中から始められますし、相手を満足させられるきっかけになります。

しっかりと情報を集める癖をつけましょう。

これが水商売をやっている人がモテる理由だと思います。逆にこれさえ応用すれば、仕事でも大事な武器になります。是非、実践してみてください。

相手と信頼関係を作るには、相手のことを知らねばなりません。しっかりと相手との関係を作るためにも、楽しませつつ相手のことを知る努力をすること、理解しようとすることを忘れずに会話をしていきましょう。

焦って自分が売りたい商品を押して売ろうとしたり、好きな人に告白したりする前に、どういう会話をしたら相手が喜ぶのだろう、どういう内容だったら相手は心を開いてくれるだろうと、相手目線に立って考える癖をつけましょう。

モテない人、仕事ができない人は自分の欲求が丸見えで、相手が楽しくないから、どの話も進まないし、うまくいっていないケースが多いです。相手のことを理解しようとするだけで成功率は高くなるはずです。

具体例

相手の話から察知しましょう。

人間は、**「趣味」「仕事」「食生活」「性格の傾向」**からできています。相手の趣味をしっかりと理解してください。何のゲームが好きか、どんなスポーツが好きか、どの選手がなぜ好きかを聞きましょう。

仕事に関しては、「上司や後輩との関係性」「どんな時に嬉しくて悲しいのか」「今は何を目指して仕事しているか」など。そうして趣味と仕事の情報をたくさん集めれば、相手を楽しませられます。意図的に集め、ときにはノートに記し、的確に質問しましょう。

ポイント

- 相手が今話したい内容を察知する
- 「搾取」より「相手を理解する」ことを優先する
- 相手の情報を会話で集めて会話に取り入れる

7　ビューティーの秘訣は「自分に厳しく他人に優しく」

同僚や先輩がミスをしても、それを批判しすぎないようにしましょう。

相手を批判するとそのぶん、自分がミスをした時に批判されます。ですから、人に欠点があったり失敗しても責めすぎないことを徹底しましょう。

そうすると自分が何か問題を起こしても問い詰められなくなります。逆に相手のミスを激しく叱責すると、自分が失敗した時に厳しく言われます。相手のことは深く言わず、自分がちゃんとしているだけでいいのです。例えば相手が遅刻した場合、それを厳しく注意してしまうと、自分が遅刻した時にも厳しく言われます。

無駄に批判し合う文化はよくないです。相手がミスをしたとしても優しい目で見てあげる、優しく指導するように心がけましょう。

これは、感情のコントロールの練習にもなります。物事は理不尽の連続です。理不尽に怒られたり、不運なことがあったりしてても、動じずに相手を批判しないこと。自分が聖人君子然としていれば、ミスばかりして嫌われている人は職場から自然に消えていきます。

常に笑顔を忘れずに批判しすぎず、自分が常にちゃんとしていることを心がけましょう。自分に甘く他人に厳しいと、敵を作りやすいです。

常に周りを厳しく批判する人は、のちのち相手に恨(うら)まれてしまい、出世や大事なチャンスを逃してしまいます。それはすごくもったいないことです。相手のミスを激しく怒ってしまったり、相手の悪いところを見たりする時間があったら、自分の時間にあてればいいし、自分がちゃんとすればいいだけです。

しっかりと自分を作り、**「自分には厳しく、他人には優しく」**を心がけましょう。そうすると自分のファンも自然に増えていきます。後輩は必ず見ています。あの人いつもちゃんとしているな、あの人はしっかりしているからついていってもいいな、と思われることが多くなり、自然に人に恵まれるようになります。

しかも相手を怒った場合、やり返されて痛い目を見る可能性もあります。リスクを回避するためにも常に温厚であるように心がけましょう。

お酒を飲んだ勢いで誰かに怒ってしまい、そのせいでクビになったホストをたくさん見てきました。お酒を言いわけにして感情のコントロールができなくなったのです。それはダサいし、先輩から見るとこの人には大事な仕事を任せられないと思いますし、後輩から見ても怖くてついていこうと思えないです。

いかに相手が悪いと思っても、それは自分の主観で判断している可能性もあるので、いったん落ち着く癖をつけましょう。売れているホストは感情のコントロールがうまくて、めったに怒りません。感情に流されてしまうと、よくない結果にしかなりません。感情に流されない強い心をもちましょう。

具体例

例えば、同期が遅刻したり、勤怠が悪くても厳しく言いすぎないようにしましょう。厳しく言いすぎると、自分が遅刻した時や、勤怠が悪くなった時に厳しく言われるようになります。人に厳しくすると自分に返ってくるので、「自分に厳しく他人には甘く」しましょう。

ポイント

- **感情に流されない強い心を持つ**

8　稼ぐために大事なのは市場選び

マインドを変えた上で必要なのが、実はマーケット選びです。

人生で成功するかしないかは、自分がどこで戦うかにかかっています。

なぜソフトバンクの孫正義氏は成功したのか？　スマートフォンが流行る時にiPhoneを売ったからです。ネットで人が商品を買う前から、アリババという中国のネット販売会社の株式を買っていたことにも先見の明がありました。

なぜ、ZOZOTOWNが流行ったのか？　インターネットが現れた当時、ネットで買い物ができるサイトがなかったからです。

テクノロジーで言えば、インターネット登場とともに産業が生まれ、スマートフォンが生まれた時にたくさんのスマートフォンゲームの会社が誕生し、上場しています。

しかし、今スマートフォンのアプリを作ろうとしても、製作費だけで数十億円かかりますし、その会社で上場を狙うことは無理だと思います。

また、今タピオカ屋をやっても失敗しますが、昔なら成功しました。

市場の勢いによって、どの業界で勝てるかが決まってしまうのです。

これは個人にとっても同じことが言えます。あなたのその能力は生きていますか？転職して外資の投資銀行で働けば給料はとてつもないことになるかもしれません。海外へ出稼ぎに行けば今の4倍稼げるかもしれません。それくらい環境は大事です。

歌舞伎町で言えば、〝モンスターキャバ嬢〟と言われる一条響さんは年に8億円以上の売上があることで有名ですが、いくら彼女が美しくても、地方のキャバクラで働いていたら、そこまで稼ぐのは大変だったでしょう。

もちろん、自分がやりたい仕事をするのも大事ですが、その時代にどの産業が伸びているか、その産業でどう勝負するかが成功の鍵です。今伸びてない産業で働いているなら絶対に転職すべきです。そのままでは一生うまくいかないからです。

伸びてない、出世する道がないところで働いても何も意味がありません。会社自体の業績がずっと落ちているところに勤めていても、給料は下がる一方です。

しかも、会社が悪いというよりも会社が取り組んでいる業態がもう終わってしまっており、伸びる道がまったくない場合が最悪です。〝寄らば大樹の陰〟的な考え方も、今の日本では危険でしょう。

どの業界なら自分が参入しても大丈夫か、市場を見る癖をつけて働くのを心がけましょう。

具体例

どんなに美人でもコンビニバイトでは時給1000円だが、キャバクラで働けば時給が1万円以上。工場勤務からホストに転じて、月に数百万円稼ぐ人もいる。優秀な技術者が近所のスーパーで働いても永遠に給料は上がらない。海外への出稼ぎで今の4倍稼ぐ人もいる。

この例は大袈裟かもしれないが、それくらい環境は大事だから、自分が働き始める前に、ちゃんとした環境で働いているかを確認しよう。

ポイント

- **仕事をする前にマーケットを見る**
- **どんなに優秀でも市場を間違えたらお金持ちになれない**
- **市場に対してどうアプローチするかも大事**

9 お金が自然に集まる魔法の法則とは？ なぜホストに数百万円のお金を払うのか

幸いにしてホスト業界の市場は伸びています。

市場が伸びているひとつ目の理由として、世界経済の流れが挙げられます。コロナショックにより円の価値が下がり（金融緩和で、日本が紙幣をたくさん刷ったのも原因のひとつです）、米ドルは世界の基軸通貨ですから、日本円と同じく大量発行されても日本円ほど価値は下がっていません。かつアメリカは産業がある程度活性化し、人口が増えています。かたや、日本は産業が停滞し、人口も減っているという理由もあります。預貯金の金利に関しても日本は超低金利が続いています。日銀総裁が植田和男氏に替わっても、これまでの金融緩和路線を受け継ぐようです。

インフレ状態なのに、賃金がまったく上がっていない中で、税負担だけが膨らんでいます。この状態は異常です。アメリカでは物価は上がっていますが、賃金も同じく上がっているので、バイトでも時給2500円など普通に稼げます。

日本円の価値が下がっているにもかかわらず、昼の仕事は賃金が上がっていませんが、ホストは歩合制なので相対的に賃金が上がるのです。

またふたつ目に、日本はモテる男性、モテない男性の差が大きいことも挙げられます。

自分も稼げる女性が一般の男性に対して価値を感じるでしょうか。女性が価値を感じるくらいに、男性は自分のクオリティを上げる必要があるでしょう。

ホスト業界は伸びており、だからこそ僕も短期間で成績を上げられました。市場が拡大している上に、日本社会の独特なモテ格差があるからこそホスト業界は伸びているのです。

もちろん、ホストの市場が上向きだったとしても、肝(きも)である、一般男性とのクオリティの差がなければお客様はお金を使おうとは思いません。

ホストは、一般男性にはない価値を作らないといけないのです。それは見た目の清潔感だったり、他の男性が着ていない服だったり、他の人には真似できない会話だったり、他の人ができないデートです。

それくらい高い価値を作っているからこそ、お金が動く。それがビジネスの本質です。価値があるからこそ人はお金を支払い、消費しようとします。

現在どうしても結果が出ないと思ったら、自分のクオリティを疑ってください。

不動産営業であれば同僚より不動産の知識があるか、見た目に清潔感があるか、他の人より流暢(りゅうちょう)に喋れるか、お客様と関係性を作れているかなどを見直してみてください。

価値がある人の成績が上がっているのは、当然です。

しっかりとした価値を作って提供し、自分にお金が回ってくるような存在になりましょう。いくら伸びている市場で勝負をしていても、その市場の中にライバルはたくさんいます。ホスト人口もここ数年ずっと増え続けており、イケメンで喋れるホストはすでにおおぜいいいます。その中でどう勝負に勝っていくかが一番大事なのです。

具体例

日本では物価が上がっているのに賃金が上がらない状態が続いている。しかし、どんな状況であれ、自分に価値があればお金は集まる。どんな経済状態でも、どんな業界でも、自分がその中で優れている存在になろう。

具体的には自分の仕事における顧客に対して誰よりも理解を深めて、顧客のことを知るようにしよう。顧客が好きな見た目や喋り方を研究し、それができるようになろう。お客様のことをどれだけ理解できるかが一番売上に繋がる。

ポイント

- **円の価値が下落し、物価は上がっているが賃金は上がっていない**
- **「モテる」ためには、自分の価値を高めることに意識を向ける**

10 人生を成功させるには「ファン」を作る

誰かに見つけられないと、自分の価値さえ発揮できません。もし仕事で成功したいなら、ファンが増える仕組みを作りましょう。

ファンが増える一番の方法は、既存のお客様や周りからの口コミです。ひとりのお客様の後ろには、１００人のお客様がいると思うようにしましょう。既存のお客様をまずは大事にすることを心がけましょう。そうすればおのずとお客様は増えます。

ホストで言えば、「枝」という概念があります。枝とは、姫様（担当のキャストがいる）が連れてきた、初来店のお客様のことです。自分がもしその姫の担当なら、そして姫と仲がよいなら、その女の子を自分の姫にしやすいです。つまり、普段からその姫様の接客を全力でやっていると、お友達もお客様にしやすい、ということです。

僕の知っているケースでは、毎月５００万円使うお客様を枝で捕まえたキャストがいました。これは特別な話ではなく、よくあることです。ですから、焦って新規のお客様と会おうとするよりも、自分の評判がよくなるように普段から周りによくしたり、何よりも自分の既存のお客様を大事にしましょう。既存の人からの紹介が一番自分の売上に繋がりますし、よいお客様を捕まえやすいです。

紹介が一番強い。だから紹介されるような人になることが一番の近道であることを覚えておきましょう。

その上で、ファンの増やし方には自分から追うパターンと、追われるパターンがあります。自分から追うパターンとは、ホストで言えば自分からガンガン新規の女の子と出会ったり、ＬＩＮＥを交換したりしてあくまで自分から攻めるパターンのこと。追われるというのは自分のことをすでに知っていてくれて、知名度で取るパターンです。

最初は自分で「追う」必要がありますが、のちのちは「追われる」ようになることを意識しないと、数字が途中で上がらなくなるし、紹介が止まってしまうとそこまでになります。

がむしゃらに追うのは最初は大事ですが、追われる存在になっていくこと、紹介を増やすことを意識しましょう。

具体例

顧客にアクセスしなければ顧客の側から離れていってしまう。まずは待っているだけでなくお客様に対してアプローチするようにしよう。仮にお客様が全員切れたとしても、お客様の増やし方さえわかっていれば挽回できるが、わからないと何も進まない。

営業力は裏切らないので磨くようにしよう。

ポイント

・いくら価値があっても見つけてもらわないと意味がない
・まずは既存のお客様を大切にする
・追う営業と追われる営業があることを理解する

11　ルールやマナーを理解して、さらに「本物」になる

なぜルールがあるかにも理由があります。

それは「みんなで共通のルールを守ることで楽しく過ごしましょう、働きましょう」ということが根本にあると思います。

それが仲間に対してできると、取引先にもできるので、それをすることで相手に対しても「要求」できたり、関係性を作りやすくなります。

ルールがないと話になりません。ですから、あなたの職場でもルールを作り守るようにしましょう。クオリティの高い関係性を作るためにも、ルールをしっかりと守ることが大切です。関係性はある一定のルールのもとでないと破綻してしまうからです。

ホストクラブにテーブルマナーがあるのも、そういう理由です。テーブルマナーは「このルールで楽しく飲みましょう」ということです。新人でテーブルマナーが下手な人がいますが、それは論外です。しっかりとルールを理解して、ルールのもとで勝負することが大切です。

具体例

ルールの大切さを仲間にも取引先にも説明できるようにして、関係性を強固にする。

ポイント

- **ルールをしっかり守る**
- **ルールがなぜできたかを理解する**

12 理不尽に打ち勝つのが「一流」

理不尽なことは常に訪れます。後輩が言うことを聞いてくれなかったり、上司が理不尽なことを言ってきたり。そう言った時に自分がどうあるべきかが大事です。答えはこれです。感情的にならず常に笑顔で、解決策を探して結果を出しましょう。

理不尽な危機は必ず何度も訪れます。そんな時にその理不尽に打ち勝たなければさらなる成功はありません。仕事とは常に理不尽と戦うものであるという意識を忘れないで働きましょう。

具体例

上司に理不尽なことを言われても、感情的に反応せず、解決策を探す。また後輩がよくわからない理由で怒ってきても、ちゃんと最後まで冷静に聞くようにする。そこで冷静に対処できるようになることで、少しのことで動じなくなる。

ポイント

- **仕事の本質は理不尽に打ち勝つこと**
- **理不尽に冷静に対処できる人こそ出世する**

13 「一流」になるには挨拶から

朝出社したら必ず、挨拶を徹底しましょう。毎朝、ハキハキした声で元気よく「おはようございます」と言うだけで周りからの評価が上がります。

逆に言うと、ちゃんとした挨拶ができてない人が多い。

まずは挨拶から見直しましょう。帰りは「お疲れ様です」としっかり言うこと。

また、これも意外にできてない人が多いのですが、先輩に奢ってもらったら、すぐにLINEでお礼を送る、その後に会ってまた「ありがとうございました」と言う。帰り際にも言うことを徹底しましょう。それだけで先輩ももっと何かしてやろう、またご飯につれていってやろうと思います。

仕事ができる人、人に愛される人で挨拶がちゃんとできない人はいません。もし人生がうまくいってないと思うなら、まず挨拶から見直すようにしてください！

ビューティー足りてる？

具体例

朝出勤したら「おはよう」、帰る時は「お疲れ様でした」、ご飯をご馳走になったら「ありがとうございました」と言えるようになる。

ポイント

- **挨拶からしっかりする**
- **挨拶は人に愛されることの始まり**

14　相手の承認欲求を満たして、恋も仕事も思いのまま

ホストクラブではなぜそこまでの大金が動くのか？　例えば、そのホストクラブでラストソングを担当が歌えることで、自分が好きな人がその環境で認められたかのように感じます。そうすると女の子も承認欲求を満たせるのです。

お店でラストコール（ホストクラブではブランデーやシャンパンが入るとシャンパンコールを行いますが、その日の最後にするコールをラストコールといいます）をすると、姫様は「私がその店で一番お金を使ったんだ」と、承認欲求が満たされます。イベントなどで自分の担当が勝っても、「自分が一番お金を使った」、その月に担当がNo.１を取ると、「私が頑張った」と、姫様は承認欲求を満たせるのです。

現代社会では褒められること、人に必要とされることが少ないです。ホストクラブでは男子でも女子でも承認欲求を満たせるから長く働くし、女の子も指名をして通うのです。数百万円、年間にすると数億円、いや数百億円のお金が動く夜の世界ですが、それはすべて「承認欲求」に根ざしたものだと僕は思っています。それぐらい承認欲求とは大事なものなのです。

承認欲求を満たすにはふたつです。「褒める」ことと「必要としてあげる」ことです。

ひとつ目の「褒める」とは、見た目なども褒めることも大事ですが、相手の価値観や努力を褒めて認めてあげてください。例えば、アクセサリーや帽子のセンスを、過去に頑張った経験が相手にあれば、それを褒めてあげてください。そうすると相手は自分が認められたように感じて喜ぶはずです。

自分だって褒められたら嬉しいでしょう。正確に褒めることができるだけで、相手の承認欲求を満たす第一歩になります。なので、まずは見た目だけではなく、人間性などを褒められるようになりましょう。

ふたつ目の「必要としてあげる」とは何か。例えば、あなたと一緒に働きたい、あなたと働くと楽しい、一緒にいると楽しいから離れないでほしい、などです。

人は誰かに必要とされたいものです。

ですが、現代では誰かに本当に必要とされる経験は少ないのです。であれば、自分が相手を必要としてあげればいいのです。そうすると自分が仲間にしたい人や、クライアントにした人を巻きこめるようになります。

一緒に働きたい仲間には、しっかりと尊敬され、信頼関係を構築した上で、「お前が必要」というだけで感動するはずですし、クライアントに対しても「あなたとなら仕事がしたい」と熱く語れば心は動くはずです。

ですから、尊敬されて信頼関係ができているのに、まだ一歩関係性が進まないと思うなら、相手の承認欲求をちゃんと満たせているかを確認してみましょう。

具体例

相手の承認欲求を満たしたければ相手の情報を集めて、的確に褒めること。相手からすると、話を聞いてくれるので安心感を覚えるし、自分が頑張ったことをちゃんと正確に褒めてくれるので簡単に離れられない関係になる。

ポイント

- **相手の承認欲求を満たせるようになると人間関係が変わる**
- **「褒める」のが上手くなること**
- **相手を必要としてあげる**

15 「太客」と「細客」とは？

ホストでは数百万円使うお客様を太客（ふときゃく）、数万円しか使わないお客様を細客（ほそきゃく）といいます。

それに対するスタンスはふたつに分かれます。金額に応じて対応を変えない場合と、金額に応じて対応を変える場合です。

僕は対応を変える必要があると思っています。そうしなければ大金を使う意味がなくなってしまうからです。これくらい使ったらこういう対応をする、と決めることで相手も安心してお金を使うことができます。

自分の時間に価値を作ることで、逆に相手は価値を感じるもの。これを理解できると、さらに売上が伸びると思います。しかし細客だからと、おろそかな対応ではいけません。そのお客様の後ろには１００人のお客様がいると思ってください。それくらい評判とは大きいものです。ひとりひとりのお客様を心から大切にしましょう。

具体例

最初から太客だからと言って大事だとは限らない。本当に優秀な人は、細客すら太客にできる。また、細客であっても、そのお客様の後ろには１００人のお客様がいる、評判が一番大事、ということを理解しよう。

ポイント

- 細客と太客がいることを理解する
- 細客と太客によってサービスを変える
- 細客でもその人の後ろには１００人のお客様がいると考える

第3章 BEAUTY 外見磨きを怠らない

内面を知ってもらうためには、まずは外見を磨かないと始まらない。

1 「食生活」が美容の源

仕事や恋愛がうまくいくコツの一番の土台は、**食生活**です。感情の乱れや怒りっぽい、ストレスが貯まりやすいというのも、実は食べ物が原因だったりします。なぜそうなるのか？　人間は腸から吸収し、栄養素が血液に行きますが、血液とその中にいるミトコンドリアに対して変な栄養が行ったりストレスが加わったりすると、気持ちにも影響するからです。「腸脳相関（ちょうのう）」という言葉がありますが、腸と脳は互いに密なコミュニケーションを取っています。ですから、食べ物には細心の注意を払いましょう。

食生活が乱れたり、添加物ばかりをとっていたりすると、思考も行き詰まり、正常な判断ができなくなるのはそういうことです。

すぐできる行動としては、喉が渇いた時は炭酸飲料などジュースをやめて、水と炭酸水をメインにすること。ジュースには大量の白砂糖が含まれ、自分の体を傷つけます。加えて、成人の体は約50~60%が水分でできており、新しい水分を取り入れることで体の状態がよくなりますし、排尿することで体内の悪いものを外に出すことができます。ですから迷ったらジュースではなく、水や炭酸水をとるようにしましょう。

加えて、やめるべきは、コンビニの食事とファストフードです。コンビニのご飯には大量の添加物と保存料が入っており、腸内細菌を殺し、体にある酵素の働きを阻害してしまいます。ファストフードも同様に古い油が使われていることが多く、古い酸化した油は体によくありません。コンビニの食事とファストフードは当たり前ですが、絶対に食べないほうがいいです。体だけでなくメンタルも悪くなり、よいことはまったくありません。もちろん菓子パンもよくありません。菓子パンには日本以外の多くの国では禁止されているトランス脂肪酸が含まれており、体に悪影響を及ぼします。

そして、小麦（グルテン）をとるのをやめるべきです。パン、ラーメン、パスタ、うどん、十割そば以外のそば、ピザに含まれます。小麦をやめるだけで肌は綺麗になりますし、すぐに痩せられるでしょう。食べているラーメン、ピザの小麦は腸に炎症を起こさせ、特に肌、そして睡眠に悪影響を及ぼし、アレルギーやうつの原因にもなります。僕も基本的にはラーメンを食べることはありません。

また牛乳もおすすめできません。牛乳のタンパク質であるカゼインに対し、日本人が不耐症である可能性が高いからです。

では何を食べるべきか？　それは魚とチキン、できれば玄米ですが、一歩譲って白米、植物性タンパク質である豆乳や豆腐、アーモンドミルク、そして発酵食品でもある納豆や味噌、キムチなどの漬け物です。本当はＧＩ値（食後血糖値の上昇を示す指標）が高い白米より玄米のほうがいいのですが、小麦を食べるよりは白米を食べたほうがいいです。ＧＩ値が高いと血糖値が上がってしまうので、眠くなったり感情の起伏が激しくなったりする原因になります。そして納豆や味噌、キムチなどの伝統的な発酵食品は素晴らしく、本来なかった栄養素が「発酵」という技術によって生まれます。是非、積極的に発酵食品をとってほしいと思います。

今回あげた、ジュース、コンビニ食とファストフード、菓子パン、小麦、牛乳を控えるだけでかなり変わるはずです。

内面から綺麗にならないと本質的な美は追求できません。美しさを常に追求するために食生活から改善しましょう。

ポイント

・理想の食生活を身につける

2 「理想の自分」が食生活を変える

ラーメンやファストフードをやめようとしても、つい誘惑に負けてしまう。そんな人におすすめなのが**ファスティングプログラム。**3日間や1週間のプログラムがあるので、それを受けるだけで体は抜本的に変わります。是非受けてみてください。

そして、それこそ〝理想の自分〟をイメージしてみてください。今誘惑に負けて変なものをとってモテなくなり、理想のパートナーが見つからない自分がよいのか、それとも誘惑に打ち勝ち、理想の相手を見つけて恋も仕事もうまくいかせたいのか。

そう考えれば、おのずと答えは出てくるはずです。添加物やコンビニの食品ばかりとっていると、精神的にも安定しなくなり、どんどん自分が崩れていきます。ですから、しっかりとした食生活で自身の土台を作り、精神も安定させ、余裕ある生活を目指しましょう。

「今の自分は果たして誰の横に釣り合うのか」を想像してみてください。よくわからない食べ物を食べてる人が一流の人の横にいられると思いますか？　食べ物に気をつけて、少しでも肌とボディスタイルを綺麗にしていたほうがチャンスもあるはずです。理想のパートナーを捕まえるためにも、食生活から変えましょう。

ポイント

- **誘惑に負け、体に悪いものを食べていいのか**
- **〝理想の自分〟のために食生活を変えよう**

3 「筋トレ」でワンランク上の女性へ

食生活に加えて、筋トレの習慣をつけると体が断然変わります。体が変わるとスタイルがよく見えるので、さらにモテるようになります。また健康的になり、精神的にも充実します。

特に女性が鍛えるべきは、下半身と背筋、そして二の腕です。胸筋を鍛えると鳩胸になってしまう可能性があるので僕は女性にはおすすめしません。

おすすめは個室のジムです。値段も高くなく、個室なので集中してできます。また筋トレに関しては正しい部位に対してしっかりと負荷をかけることが大事です。専門家に習い、正しいストレッチを学んでから筋トレすると効果が全然違います。

筋トレをすると顔も痩せますし、フェロモンも出るのでやらない手はありません。整形よりも全然効果があります。しっかり継続して、ちゃんとした肉体作りから始めましょう。

ポイント

・筋トレやストレッチをする習慣をつける

4　「自己肯定感」は体作りから

筋トレをする時に大事なのは、食生活と同じく、**〝理想の自分〟をどれだけ持てるか**だと思います。

食生活も、筋トレも大事なのはみんなわかっています。それなのに変えられないのはなぜか？

それは価値観が変わらないからです。

自分が理想とする人や、自分が理想とするライフスタイルから考えてみましょう。憧れの人物の全身写真を目につくところに貼っておくのも効果があります。

例えば僕だったら、理想の生活はしっかりと朝に起きて美味しいジュースを飲む、またしっかりとした食生活、筋トレをして健康的な暮らしをしたいという「理想」があるので、まず体作りは理想から始まっています。

なぜ食生活を直したほうがいいのか、筋トレをしたほうがいいのかの根本を理解して行動することで、自分が変わっていくと思います。

ですから、理想を持ち、理想を叶える行動をしていきましょう。

それでも変われなければ体づくりに関するサロンがたくさんありますので、是非参加してモチベーションを高めてほしいです。周りがやっていないと人はサボってしまいます。周りがちゃんとしていれば自分もちゃんとするので、目標を持ってがんばっている人たちに囲まれて自分自身を変えていきましょう。

ポイント

- **〝理想の自分〟をイメージする**

5 「憧れの肌」は正しい知識が作る

理想の肌は、正しい食生活と筋トレによって作られます。また生活の健康も大事です。部屋の清潔さ、換気、ベッドのシーツや枕カバーを替えるなど自己管理をすることでニキビなどは予防できますし、精神的ストレスを緩和することで肌は綺麗になります。保湿には高い化粧水も有効かもしれませんが、それよりも毎日欠かさずスキンケアをすることです。それに加え、自分の肌について正しい知識がないと、無駄にお金を使います。クリニック、YouTube、本や雑誌と、知識の吸収を忘れないでおきましょう。

ポイント

- **学ばなければ、肌も綺麗にならないし、お金ばかりかかる**

6 素肌美人が本当の美人

ファンデの厚塗りをやめましょう。素肌が傷(いた)みます。それよりも大事なのは、綺麗な肌を保つためにストレスのない生活をすることや、肌にいいケアをすることです。

僕の場合、おすすめはサウナです。サウナに行くと発汗するので、余分なものがなくなりデトックスになります。またゆっくりとしたひとりの時間を作れるので精神的にも楽になります。

肌トラブルやストレスに困ったらサウナに行ってみてください。

ポイント

・**まずはファンデの厚塗りをやめる**

7　マスクを外した時の輪郭、大丈夫？

マスクを外した時の顔に男性は惹かれます。なぜかというと、目元はカラーコンタクトやメイクでごまかせますが、輪郭だけはごまかせないからです。輪郭は普段の食生活や運動習慣が出やすいところです。しっかりとした食生活と運動の習慣化さえしていれば二重顎にはならず、綺麗なラインに近づきます。アイメイクを濃くするだけでなく、シェーディングなどで顔の輪郭を気にすること、顔の輪郭にコンプレックスがあるのならば、ヘアスタイリストに相談して、ヘアスタイルでカバーするようにしましょう。

ポイント

- **輪郭は、日常生活の乱れをごまかせない**

8　男はムダ毛をこう見ている

男性はムダ毛を見た瞬間、「まじか」と一瞬で気持ちが冷めてしまうことがあります。女性は男性を「中身」で好きになり、男性は女性を「外見」で好きになると言われます。男性の場合は本能的に、最初は外見からしか好きになれないので、性格を磨くだけでは好きな人と付き合えるチャンスはつかめません。ムダ毛は誰でもなくせるものです。なんとなくモテない、ワンナイトの恋が増えてると思ったら、ムダ毛の処理をしっかりとしましょう。

ポイント

・男性は女性を「外見」から好きになることを肝に銘じる

9　リップはベトベトにしない

男性から見て気になるのは、リップがグロスでベトベトしすぎていることです。女性はセクシーだと考えるのかもしれませんが、これは勘違いです。

素肌をケアせず、化粧の濃さでごまかしても男性にはすぐにバレます。

素肌は食生活を見直さないとよくなりません。忙しいからコンビニの食事で済ませようとすると、肌がただただ汚くなり、化粧がどんどん濃くなるだけです。根本的な美を磨くようにしていきましょう。

ポイント

・濃い化粧はＮＧ。素肌美を磨く

10　ワキガや口臭は論外

前の項目と同じ理由で、体臭は論外です。男性はメイクも見ますが、それよりも実は匂いに惹(ひ)かれます。なんとなくモテないと思ったら、口臭がないか、ワキガになっていないかを確認してください。匂いがよくなると爆発的にモテるようになります。

ポイント

・あなたの匂いを向上させよう

11　男受けするヘアスタイル

男受けする髪とはすごくシンプルで、「艶がある」ことです。男性は髪の毛の艶感や美しさに惹かれるので、トリートメントには定期的に行きましょう。

カラーやヘアスタイルに意識を向けるあまり、髪の毛がボサボサになっている女性が多いです。追うべきは本質的な美しさです。男性は女性が思っているよりも髪質を見ています。ゴワゴワな場合はまったくモテません。シャンプーはいいものを使いましょう。投資すべきものは高級ドライヤーと高級シャンプーです。

ポイント

・髪は艶に尽きる

12　美味しいものを食べてリフレッシュ

美味しいものを食べると、心が豊かになります。特におすすめはフレンチです。お洒落をして素敵なご飯を食べると、心も豊かになりますし、素敵なパートナーと行くと、心も軽やかになります。何かに行き詰まったら、素敵なものを食べて気持ちを切り替えましょう。気持ちを切り替えることで、また新しい出会いなどが生まれるかもしれません。ディナーが厳しければランチに行きましょう。一流のお店はインテリアやサービスも楽しめます。

ポイント

・素敵なパートナーと素敵なレストランへ行って気分転換

付録

ASTROLOGY 運気を上げる

この章では、運気の上げ方について解説します。なぜかと言うといくら仕事と恋愛、また美容を頑張っても**運気自体が下がっていたら効果がないからです。**

もちろん、第1章から第3章までのことをやれば運気はおのずと上がっていくのですが、それでも上がらない人に向けて、運気についてまとめて書いておくことにします。

Astrologyとは、「西洋占星術」のことです。僕は西洋占星術の考え方が好きです。「今の環境は自分の鏡である」といいますが、僕は逆に「自分」が環境に左右されることも多いと考えています。

今はパッとしなくても環境がよくなれば、自分の才能が花開くかもしれません。才能を活かせて力を発揮できれば、周りは自分を必要としてくれるし、自分は笑顔になれます。逆に、自分の才能を活かせない場所にいたら、自分もどんよりとしてしまうはずです。

だから運気を上げることが大事なのです。自分が頑張るのはもちろんですが**「周りの環境や流れが自分自身を決めている」ことも忘れないでいてほしい**と思っています。

1　笑顔と挨拶を忘れない

笑顔と挨拶がない人に幸せは訪れません。逆に毎日笑顔で挨拶をする人は、職場でも大事にされますし、周りも素敵な人を紹介しようと思うはずです。

歩いている時も余裕をもって笑顔で、そして他人に対して優しく生きることでもっと運気を引き寄せる結果になるはずです。暗い顔ばかりしていると、運の波を逃してしまいます。

2　不平不満、悪口を言わない

不平不満を言う暇があったら、物事のよい点を見るようにしましょう。批判ばかりしていると、怖くて人は寄ってきません。

悪いところをひとつ見つけたら、よいところを3つ見つけましょう。

他人に好かれるのは不平不満を言う人ではなく、物事のよいところを見つけられる人であることを肝に銘じておきましょう。

3　食べ物で運気を変える

変な食品を食べると、自分の運気はどんどん下がっていきます。第3章のBeautyでも説明したように、ファストフードをやめる、コンビニの添加物まみれの食べ物をやめる、牛乳を控える、ジュースを控えて人工甘味料や過度の砂糖をとらない、小麦を食べないなどをすると体によい食べ物を食べる機会が増えて運気が変わります。

金運を上げるには黄色い食べ物、恋愛運を上げるには果物をとるのが効果的です。

是非、運気のためにも試してみてください。

4　水回りや部屋の掃除をきちんとする

部屋が汚いと大事なことに気づきにくくなります。常に床、水回り、すべてを綺麗にしてゴミをちゃんと捨てましょう。自己管理さえできない人は部下も管理できませんし、パートナーができたとしても自分でいっぱいいっぱいになって、どんどん負のループに陥ってしまいます。ですから、まずはしっかり部屋の掃除をして、よい運気を引きつける人になりましょう。

またメールボックスやＬＩＮＥのトークリストをまめに整理することで、物事の優先順位もさらに自分の中でまとめられるようになります。しっかりと掃除し、優先順位をつける事で、仕事も恋も全部成功させる土台を作りましょう。

5　しっかりとした実力をつける

挨拶も笑顔もしっかりしている、不平不満を言わない、掃除もきちんとしているのに、なぜ恋も仕事もうまくいかないのか。

それはシンプルに自分の実力不足です。何を言ったらお客様が喜んでくれて商談を成功させることができるか、パートナーになる相手が何を言えば嬉しいと感じてくれて自分と付き合ってくれるか、相手を幸せにできるかは、自分自身のスキルアップにかかっています。

自分に実力があるかどうか見直し、数字ではなく自分の能力を磨きましょう。

6　自分のホロスコープを知る

僕は大学時代、占星術を本格的に勉強しました。**「運命を決めるのは人のアドバイスではなく自分自身」**だと思っていたからです。

親に意見をもらい、友達や先生もよかれと思っていろいろなことを語ります。しかし、そのアドバイスはあなたを思って言ってくれたものであっても、自分にとってはズレてしまっていたり、あなたにこうしてほしいという強制的な思いが相手の根底にあるかもしれません。

特に親からの意見は影響力が強いのです。もちろんアドバイスや他の人からの指針は大事ですが、素晴らしい進路を自分自身で決められるようになるために、僕は「占い」について勉強しようと思いました。

当時、高校の教師や親からは「大学は法学部か経済学部に行け！」と強く言われ、僕はそれが嫌いでした。なぜなら僕が勉強したかったのは、経済危機や戦争を起こす背景となる政治思想だったからです。また、宗教的イデオロギーによる国際社会の歪みもとても気になっていました。大学では政治哲学と国際法を学びたいと思っていたのです。結局、親に逆らって大学を選びましたが、かなりのストレスでしたし、孤独も感じていました。ですから、大学に入ってからの僕は「誰かの意見に左右されることなく、本来自分が向いていることをやれる」ような指針が欲しかったのです。

僕のホロスコープ（西洋占星術で出すグラフ）では、太陽が牡羊座にありますが、ちょうど第9ハウスに入っており、これは一番上にあります。つまり、それは「学問」が向いているという意味でした。

初めてホロスコープを見た時、「学問」に向いていると示されていたのが嬉しかったのを覚えています。

他にも、僕の発言が抽象的になることが多いのはコミュニケーションの取り方を示す水星が魚座にあるせいだとか、高級な場所にいたり肌触りのいいタオルを使ったり綺麗なクラシック（特に僕はカラヤンが好きです）を聴いたりしていると気分がよくなるのもそういうことなのだろうな、と感じました。

ですから、昔の僕と同じく、いろいろな人に意見は言われるけど自分に本当に向いていることは何かを知りたい人に、「西洋占星術」を知ってもらいたくて、ここで西洋占星術を紹介しています。

占いに関しては近い将来、本を出したいと思っているので、西洋占星術に興味を持った方はそちらも読んでいただけたら嬉しいです。

自分のホロスコープを知ると、さらに自分の運の波動が上がります。みなさん、12星座には、馴染みがあると思います。空を12分割して、自分の太陽や水星がどこにあるかでホロスコープが完成します。

僕は牡羊座ですが、それは生まれた時に太陽が牡羊座の場所にあったからです。

それと同じように、僕らには月星座、水星星座、火星星座、金星星座、木星星座などがあります。

太陽星座：ありのままの自分
月星座：本来の自分
水星星座：自分のコミュニケーションの取り方
火星星座：自分が追い求めるもの

金星星座：自分の愛するもの
木星星座：自分の最終的なゴール

例えば、水星星座が魚座の人は抽象的なコミュニケーションを取ることが多いですし、双子座の人は喋るのが得意な傾向にあります。火星星座が牡羊座の人は燃えるような情熱で追い求めますし、金星星座が牡牛座の人は美しいものが好きです。

ですから、このようにちゃんと自分の求めているものや相手がどういう傾向にあるかがわかると、交渉も劇的にうまく行きますし、自己理解に繋がります。しっかりと星の意味を理解して、自分の運気上昇に繋げましょう。

7　神社のお祓いに行ってみる

どんなことをしても運気が上がらない人は、一度神社に行ってみてください。特に都内近郊に住んでいる場合、おすすめなのは神奈川県の江島（えのしま）神社と箱根の九頭龍（くずりゅう）神社です。両方とも、いわゆる龍神様（りゅうじんさま）を祀（まつ）っていて、海のそばにある神社ですが、すごくパワーがあります。

またお祓（はら）いであれば東京大神宮がおすすめです。伊勢（いせ）神宮の東京分社です。由緒正しい神社でお祓いをするとかなり清らかな気持ちになります。

金運であれば、中央区小網（こあみ）町にある小網神社は運気が爆上がりします。

どうしても運気が上がらない人は試してみてください。

8　都内／神奈川県以外の神社案内

神様に触れるのは運気上昇のひとつの手。運気がよい場所に行くと心も洗われます。

関東

・三峯（みつみね）神社（埼玉県）

秩父（ちちぶ）三社のうちのひとつで、とても由緒の古い神社です。

東海地方

・久能山東照宮（くのうざんとうしょうぐう）（静岡県）

徳川家康が祀られている神社。近くにある日本平（にほんだいら）ホテルも空気が抜群にいいので宿泊するのがおすすめです。

・伊勢神宮（三重県）

日本で一番格が高いともいわれる神社です。時間があればお祓いをしてもらいましょう。ちなみに伊勢は食べ物が豊富でホテルも充実しています。美味しいものを食べて志摩でホテルに泊まってリラックスしましょう。おすすめは志摩観光ホテルです。

関西地方

・高野山（和歌山県）

空海が開いた金剛峯寺があります。

・金峯山寺（奈良県）

奈良の吉野にあります。ここもものすごく運気が強いです。

・大神神社（奈良県）

奈良にある神聖な神社です。

九州地方

・高千穂神社（宮崎県）

天孫降臨の舞台になっている場所です。九州にあり、しかもなかなか行きづらいですが、ゼロ磁場といわれており、いるだけで運気が上がるパワースポットです。ただし、運気が強すぎるので注意が必要です。近くの荒立神社も芸能系の運気を上げたければ、おすすめです。

9　自然と触れ合う

自然と触れ合う癖をつけましょう。現代社会はパソコンと携帯から離れて過ごす時間が少なくなっています。おすすめは都内だと、「日比谷（ひびや）公園」「新宿御苑（しんじゅくぎょえん）」「代々木（よよぎ）公園」です。自然と離れすぎていると感情表現もとぼしくなり、冷たい人になってしまいます。気晴らしにサクッと出かけることで身も心もリフレッシュできます。

おわりに

人生は「魔法を知っているか知らないか」です。それだけで人生が幸福になるのか、不幸になるのかが決まってしまいます。

僕は多くの人に幸せになってもらうためにこの本を書きました。幸せになるためには「コツ」という名前の魔法を知っておく必要があります。恋愛にも、仕事にも魔法が存在します。それを知らないまま頑張っても無駄な努力になってしまいます。

魔法を持たないまま恋愛をしたらどうでしょう？　一生、素敵な恋人ができず、結婚相手が見つからないかもしれません。仕事も同じです。知らなければ出世もできず、お金も貯まりません。それならば「魔法」を手に入れて、恋もお金も思いのままの人生を送ったほうがよいに決まっています。

僕がこの本に書いた情報を実践するだけで幸せは手に入ります。多くの人は努力するベクトルを間違えています。今回の本を手に取って何回も読んでいただくことで、あなたの人生が明るくなれば嬉しいです。

特に心がけてほしいのは「自分の承認欲求よりも相手の承認欲求を優先する」ことです。実は、出世する人は相手を目立たせ、相手の仕事に貢献しています。何も持っていなかった僕が2年目で1億2000万円以上の年間売上を達成できたのは、まずは姫様の幸せを常に考えて接客してきたからです。決して自分だけが目立ちたい、自分だけが稼げればいいやと思ったからではありません。

恋愛も同じです。もちろん、ある程度の清潔感や見た目のよさは大事ですが、素敵な男性と付き合いたいと思うのであれば、内面を磨きましょう。美しい花に、人は自然に惹き寄せられます。中身もそんな花のようになれば最強ではないでしょうか。素敵な男性はモテるのです。あなたが見た目だけでなく内面も磨かないと、そんな男性と結ばれる可能性は極端に低くなってしまいます。内面や考え方の美しさこそが「ビューティー」なのです。

多くの男女が幸せになってほしい。毎日僕はそう考えています。

もし少しでも僕に興味を持ってくれたり、もっと僕にいろいろ聞いてみたいと思われたら、公式LINE（P195のQRコードからアクセスできます）にご質問をください。「恋も仕事もうまくいかせる魔法の学校」という講座もしているのでそちらもご覧ください。皆さんの仕事も恋愛ももっと上手くいくように全力でサポートしていきます。

そして最後に、出版にあたってお世話になった、カメラマンの長澤翼様、アートディレクターの鈴木直之様、そしてバックアップを含めいろいろとご協力いただいたエルコレのみなさん、心より感謝しております。何より、今回出版の話を僕に持ってきてくださった出版プロデューサーの久本勢津子様には感謝してもしきれません。

この本が多くの方にとって素晴らしい「魔法の杖」になってくれれば僕も嬉しいです。

二〇二三年四月

ビューティー遠坂

※左ページのQRコードを読み取ると、僕の公式LINEほか、いろいろな活動サイトにアクセスできます。ぜひ、訪問してみてください。

※特に公式LINEでは、本書の出版を記念して「月収1000万円以上の人と結婚する方法」の動画を限定配信中です。これをご覧になると、素敵な男性と結婚するためのコツがわかります。

「女性向け」公式ＬＩＮＥの招待
（「魔法の学校」の面接も
こちらで行っております）

Instagram

Twitter

現役1億円プレイヤーが語る
女性に愛されてお金も手に入れる
禁断の成功法則

「最速」でホストで
月間100万円以上
売るための教科書

「完全網羅」
月間1000万プレイヤーに
なるための教科書

Profile

ビューティー遠坂（遠坂凛）

経営者の顔も持ちながら、年間1億2千万円以上を売り上げる歌舞伎町のトップホスト。2011年上智大学入学。国際法や政治学を学ぶかたわら、ITエンジニアとして活躍。人工知能系、ブロックチェーン事業などで起業、経営の経験を積んだ後、ホストの世界へ飛びこむ。1年目から月間最高売上3000万円を超える。女性経営者、大手企業OL、銀座ホステスからインフルエンサーまで幅広い顧客を持っている。また現在は、株式会社Gilgamesh代表取締役社長として経営コンサルティング、電子出版、タレントプロデュース業なども手がける。

それってビューティー足(た)りてる？
恋(こい)もお金(かね)も思(おも)いのままになる魔法(まほう)の技術(ぎじゅつ)

2023年5月31日　第1刷発行

著者　ビューティー遠坂(とおさか)
発行者　岩瀬朗
発行所　株式会社集英社インターナショナル
〒101-0064 東京都千代田区神田猿楽町1-5-18
TEL 03-5211-2632
発売所　株式会社集英社
〒101-8050 東京都千代田区一ツ橋2-5-10
TEL 読者係 03-3230-6080
販売部 03-3230-6393（書店専用）

印刷所　凸版印刷株式会社
製本所　ナショナル製本協同組合

ISBN978-4-7976-7431-6 C0095